李澍晔/刘燕华 著
LI SHUYE/LIU YANHUA

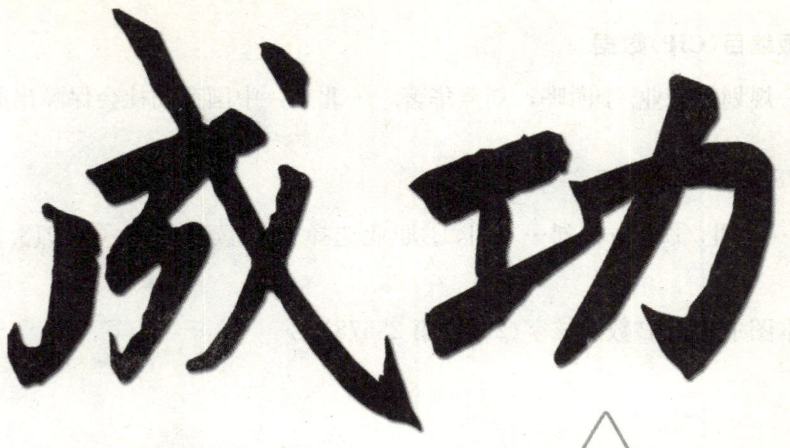

成功——规划好职业

俗话说：人怕入错行！女怕嫁错郎！
作者说：人人都能成功，但要找到适合自己成功的职业！

著名经济学家吴敬琏推荐

一本能帮你成功规划职业的书

中国劳动社会保障出版社

图书在版编目(CIP)数据

成功——规划好职业/李澍晔，刘燕华著. —北京：中国劳动社会保障出版社，2010

ISBN 978-7-5045-8819-7

Ⅰ.①成…　Ⅱ.①李…②刘…　Ⅲ.①职业选择-通俗读物　Ⅳ.①C913.2-49

中国版本图书馆 CIP 数据核字(2010)第 255781 号

中国劳动社会保障出版社出版发行

(北京市惠新东街 1 号　邮政编码：100029)

出 版 人：张梦欣

*

北京北苑印刷有限责任公司印刷装订　新华书店经销

787 毫米×960 毫米　16 开本　14.5 印张　187 千字

2011 年 1 月第 1 版　2011 年 1 月第 1 次印刷

定价：29.00 元

读者服务部电话：010－64929211/64921644/84643933

发行部电话：010－64961894

出版社网址：http：//www.class.com.cn

推荐语

选择一份适合自己的职业是决定人生事业能否成功的关键，人的性格与特长存在差异，选择职业不宜盲目跟风，要切合自己的实际条件和兴趣；规划职业既要注重眼前，又要兼顾长远。

《成功——规划好职业》一书不仅阐述了职业规划的重要性、遵循的原则和技巧，还运用大量鲜活的事例阐发了淳朴的做人道理。静心阅读此书，会使人从不同的视角重新审视职业，重新思考职业、定位职业。

全国政协常委兼经济委员会副主任、著名经济学家

吴敬琏

2010年12月3日

前 言

有的人很有能力，干到老却一无所有，遗憾终生；有的人能力一般，走着走着却成功了，这究竟是为什么呢？其实在很大程度上就是职业规划问题，前者职业没有规划好，选择的职业不适合自己发展，无论怎么努力都很难获得成功；后者职业规划好了，选择的职业适合自己，稍一努力，就能成功。

成功的因素很多，职业规划是最重要的一个因素，应该引起人们的理性思考。如果为了面子与虚荣选择职业，一般不会有大作为；如果为了衣食与居所选择职业，也不会有大作为；如果为了金钱与地位选择职业，更不会有大作为；如果违心地为了实现父母与亲人的理想选择职业，一般也不会有大作为；只有为了远大的理想选择职业，才能有大作为。

成功是每个人都希望获得的，但是现实中的很多人到了老年以后，两手空空，悲切万分，后悔自己当初选错了职业。他们经常说的几句话是：如果当初我不选择这个职业，选择那个职业就成功了；如果当初在规划职业的问题上不冲动就好了；如果当初我在规划职业的问题上胆子再大一点就好了；如果当初我不留恋舒适的工作环境就好了……

是啊！人有几个当初呢？如果知道当初，何必后悔现在呢？俗话说："磨刀不误砍柴工。"为了避免以后有更多的后悔，先不要着急找工作，先不要急着赚钱，先不要急着当官。一定要静下心来，多问自己几个为什么，多看看外面的世界是什么样子，多听听专家的意见，多了解一些成功人士的成长经历，然后根据自己的知识、兴趣、爱好、身体、性格等情况，认真规划一下真正能使自己成功的职业，这是非常必要的。

李澍晔　刘燕华

2010年4月28日于"彩虹心灵"驿站

目 录

Contents

观点：市场是决定生存的关键，创业者应该根据市场规律的变化情况，抓住瞬息万变的商机，敢于发展，敢于利用新矛盾，作出超前的判断，确定自己的职业（创业），这是成功的重要保证。

观点：资源是创业者规划职业（创业）的一个重要参数，一定要开阔思路，综合考虑，认真研究，充分利用，果断出击，不能马虎，不能犹豫，不能否定，做敢于“吃螃蟹”的第一人。

一个“团”的家，坚决不当一个“师”的家，既不能好高骛远，也不能缩手缩脚，不要轻信他人鼓惑，究竟能吃几碗饭只有自己最清楚。

观点：凡做大事者，一定要目光长远，胸怀五大洲，时时刻刻关心国际形势的变化，掌握国际间交往的规则，熟知国际法、贸易法和关税制度，这是能否成功的关键。

观点：知识是人一生中最重要的，没有知识的人是遗憾的，知识能改变生活、改变社会、改变地球、改变自我，要去掉浮躁，潜心学习，为规划职业（创业）奠定基础。

观点：服务领域是施展本领的大舞台，只要你有心，选择合适的项目，甘愿为他人服务，不需要很大的资金投入，就能把自己的职业（创业）发展好。

观点：中国是农业大国，农民人口多是事实，农村是中国的发展基础，在广阔的农村市场有很多商机，事业发展前景广阔，就看你是否有眼光和魄力了。

观点：未来会出现很多新兴的产业，只要视野开阔，思维敏捷，有气魄，就能提前预测，抓住难得的机遇，淘到第一桶金的可能性就大，人生价值就能实现。

第一章

坚持

理性

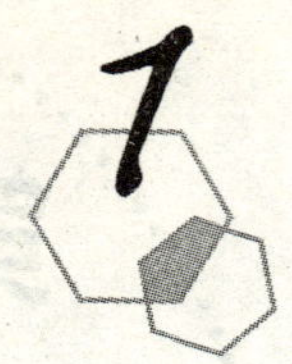

深挖井的故事

古代有两个挖井的年轻人，第一个人心急，四处挖井，5 天挖了 50 个坑，也没有发现水，最后竟然渴死了。为什么渴死了呢？原来，他挖的 50 个坑，深度都是 2 米，自然发现不了隐藏在 50 米以下的水了。第二个人不急不躁，认准了一口井，连续挖了 5 天，最终发现了水，生命得以继续延续。

深挖井的故事告诉人们一个浅显的道理，成功不在于数量，而在于质量；成功永远属于坚持到底的人，永远属于不服输的人，永远属于有希望的人。其实，只要认准一个正确的、适合自己的目标，坚忍不拔地坚持下去，就能取得成功。

例如：前不久，我遇到了一个牛蛙养殖公司的董事长，他的经历很有说服力。几年前，他与一个朋友一起合伙开办了牛蛙养殖公司，各占 50%的股份。经营了两年，由于技术、管理与销路问题，经营陷入了困境，公司几乎要破产。朋友忍受不住了，断然把股资撤走，干起了养鸡生意。朋友的落井下石，几乎把他置于死地……

一连3天，在烈日炎炎下的水塘旁，他光着膀子，独自一人坐着，思索着未来，是改行干其他行业，还是继续坚持下去。忽然，一只蚂蚁出现在他的视野中，他扭头发现了一个放大镜片，拿起来聚焦阳光，焦点对着蚂蚁，不一会儿，蚂蚁就被烧死了。他看着被烧死的蚂蚁，顿时明白了集中精力干一件事的重要性，知道自己下一步该怎么办了。于是，他四处借钱，聘请专业技术人员，继续养殖牛蛙，当年就有收益了。5年下来，他的资产已经过亿了。现在他的牛蛙销往湖南、江苏、广州、深圳等省市，供不应求。

当初背弃他的朋友由于养鸡失败，倾家荡产，红着脸找上门请求帮助。他以宽大的胸怀接纳了朋友，让朋友重新扬起了生活的风帆。

职业规划者要头脑清楚，坚定自己的选择，要有韧劲和成功的信念，在创业的道路上，无论遇到任何挫折和困难，都轻易不要半途而废，其实距离成功就差一点点。

职业规划专家提示

一旦选择了正确的职业目标，就要有不到黄河不死心的信念，排除干扰，持之以恒地干下去，最终的成功一定属于你。

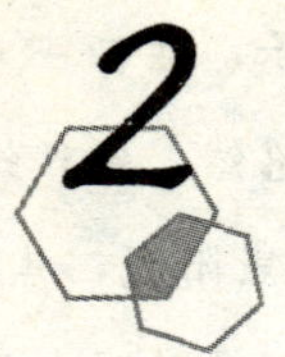

轻车熟路

科学泰斗爱因斯坦曾经说过："其实，每个人的基因里都有成功的因子，只是成功的人选择了适合自己的职业，没有成功的人选择了不适合的职业。"

爱因斯坦说得很有道理，人人都能成功，职业选择最重要。事实确实如此，分析成功人士的成功经验，可以清楚地看到，选择自己熟悉的事，干自己能干的事，是职业规划的出发点和落脚点，更是成功的基本保证。

现在很多人在规划职业（创业）时，好高骛远，心比天高，或是委曲求全，屈尊于一个不适合自己的岗位，空有凌云之志，斗志全部消磨掉了。从一开始就走了弯路，大好的时间过去了却一事无成，还怎么成功呢？

例如：前几年，我出国访问，在一次座谈会上，我与一位校长交谈。校长很坦率，他毫不掩饰地告诉我，现在他不担任校长了，因为他不擅长管理，而是更擅长做学问、搞科研。于是他主动辞去了校长职务，现在是学校的教授兼学科带头人，在最先进的实验室里研究最前沿的科技，成绩斐然，很有成就感。两年的校长经历，让他感到当校长很累，再当下去，不但自己会累垮，自己的科研特长也浪费了。人应当用理性的眼光看待自己，要知道取舍，舍是为了取，而不是放弃。人要干自己熟悉的事，这样就会保持旺盛的精力，就会一次接一次地成功。

校长的话其实很有哲理，规划职业（创业）时，如果遵循轻车熟路这个原则，就会事半功倍，能很快进入角色，担当重任，成功的可能性就大一些。

例如：33岁的王经理是养蝗虫大王，他饲养的蝗虫一年能收益500万元。当初，他规划职业（创业）时就遵循了轻车熟路这个原则。在大学里，他学的是病虫害防治专业。毕业后，看着很多激情万丈的同学拥挤进大城市改行干了其他工作，他并没有动心。面对未来的职业发展，他很理性，坚持干自己熟悉的事、能干的事、喜欢的事。因为小时候家里穷，他经常吃不饱。他知道如何能抓到蝗虫，于是就到处抓蝗虫烤着吃。肚子填饱了，他特别开心。想到这个，他主动放弃大城市的工作机会，回到农村老家，干起了养殖蝗虫的职业，成立了绿色食品公司。10年的时间，他的蝗虫养殖事业飞速发展，占领了国内大半个市场，年收益500万元，总资产达到了1亿元。

职业规划专家提示

规划职业（创业）其实是很复杂的事，有时令人头痛。这时，一定要静下心来，先干自己能干好的事，这样更容易获得成功。

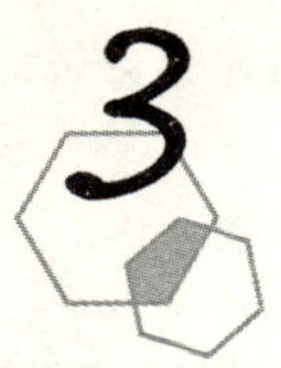

发挥优势

孙子曰："知己知彼，百战不殆。"

这句话蕴涵着深刻的哲学道理，只有知道自己的优势；知道职业（创业）市场的情况；知道自己能干什么，不能干什么；知道大环境对自己的影响；知道能得到什么帮助，并且善于把优势变为行动，才能取得胜利。

本来有些人在某些领域很有优势，可是自己发现不了，很不理性、很迷茫、很执迷不悟，鬼使神差地干了自己弱势的职业，费了九牛二虎之力，也没有干出什么名堂来，等明白过来以后，年龄、身体、心境都不允许了，痛苦一生。

例如：20年前，有两个志向远大的大学生（甲、乙）一起毕业进了令人羡慕的机关从事会计工作，职务都是科员。两人都喜欢计算机软件开发。3年以后，由于机关的人事关系问题、效率低下的问题、论资排辈的问题、官僚作风问题，两人都感到不适合机关工作，心情很压抑，感到能力无法得到施展，宏图伟业无法实现，他们很无奈，很不甘心。

一天晚上，两人在公园聊天，甲认为找到一份工作不容易，工资有保证，看病不花钱，还有住房，决定继续在机关混下去。乙认为自己的优势是在计算机软件创新领域，不是逆来顺受，委曲求全地在机关混，不是为了吃饭而吃饭。人的生命是有限的，青春时代如果把握不住职业，老了会后悔的……

第二天，乙果断辞职了，办起了一家财务软件开发公司。二十几年的时间，他的公司开发的软件业务占领了全国80%的市场，为几千家大公司设计开发了管理软件，资产超过了数百亿，他成为了中国屈指可数的软件开发企业家，公司还成功地在美国纳斯达克上市了。

令人不可思议的是，二十几年后，甲还在原单位工作，职务是副调研员，怀才不遇。平平庸庸的事业让他感到心情异常压抑，后悔当初贪图舒服，没有按照优势选择职业。

这个事例说明了一个道理，职业（创业）规划要根据自己的优势去规划，要有勇气和决心，理性是前提，不能为了吃饭而吃饭，更不应该趋之若鹜地跟着别人去选择所谓的好职业，也不能为了满足可怜的虚荣心去选择本不适合自己的职业，应该为了事业而吃饭，为了成功而吃饭，为了理想而吃饭。

职业规划专家提示

优势是独一无二的，每个人都有优势，要设法把自己的优势发挥到极致，才能离成功越来越近。

及时调整

古代兵法曰："凡战者，因时、因天、因地、因人、因物而变者，谓之神也！"

这句话的意思是行军打仗，善于根据外部情况变化者，才能争取主动，赢得胜利。

根据自己的特长、优势和兴趣，规划了职业（创业）后，要保持理性思维，洞悉社会发展、变化及未来的趋势，深入调查研究，把握主动，以变制变，使职业与成功成为"一家人"。现实生活中，有些人开始选择的职业很正确，可是随着时间的延长，感到开始的职业并不适合自己，或者困难重重，并不能保证自己走向预定的理想目标，这就需要科学、及时、准确地调整。调整不是盲目的变化，而是把握现实的机会，着眼长远，变被动为主动。

例如：48岁的王女士本来有机会获得提拔，意外赶上机关精简，提前退休了，特别不甘心。她总觉得自己还能干出一番大事，这样也不枉过这一生。一天，她在报纸上看到一条信息，一家养猪场招标转让，她从小生活在农村，很喜欢养猪、兔、羊、鸡、鸭，总梦想着当一个饲养公司的总经理。于是，她毫不犹豫地承包了养猪场，当上饲养公司的总经理。由于饲养的猪吃的是人工饲料，饲料里含有生长素，肉质不好，因此猪肉的销路和价格都不好。她经营了两年，赔进去了200多万元。亲人劝她不要继续干下去了，她坚信自己的选择没有错，只是饲养理念不对。

一天，她看《动物世界》节目，发现野猪天天在山上乱跑，吃杂食，生长缓慢，肉质好。她因此受到了启发，立刻把养猪场附近的荒山承包了，决定自由放养猪，不喂人工饲料了。这一变化还真有效，饲养的猪变成了“野猪”，在山上四处觅食，自由奔跑，因此肌肉发达，肉质鲜美，营养价值高，订货的酒楼、宾馆不计其数。她的公司利润大增，年产值达到600多万元，解决了100多人的就业，还带动了几十家农户富裕起来了。

王总经理根据市场需要，及时调整了养猪的方式。这个事业成功的事例告诉人们，科学规划职业（创业）是成功的前提，调整职业、变化经营管理方式是成功的关键。变化是检验一个人综合素质的试金石，只有不断吸取别人的经验，积极思考，善于比较和联想，开阔视野，善于变化，才能抓住事物的本质，成功的希望才更大。

职业规划专家提示

职业（创业）不是终生不变的，应该有规划、有创新、有变革，因变而变，才能始终赢得主动，把握未来。

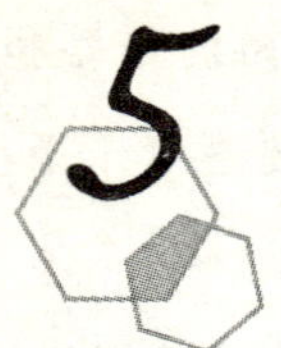

权衡利弊

规划职业前，权衡利弊是最重要事情。应该实事求是，根据自己的性格、能力、素质、爱好、专业、心理、家庭、身体健康程度和理想等情况，理性分析适合自己的职业（创业），不要盲从。

利就是扬长避短，从事的职业（创业）可以把自己的能力充分展现出来；弊就是不适宜，是自己的软肋，要尽量避开它。

现实中，多数人在规划职业（创业）时，缺乏独立见解，没有独自思考，都是听家长、老师或朋友的，人云亦云，少了自己的意愿，选择了不喜欢的职业（创业），最终只能离成功越来越远。

例如：张先生是一家著名网站的CEO，个人资产过亿，管理着200多名硕士、博士和网络开发人员。当初他大学毕业时，家人四处托关系，让他进了一家机关工作，每天看报纸，听同事议论是非。他感到这样的生活是在浪费生命。平时，只要单位没有事，他就悄悄地研究企业管理和网络技术，领导和同事都看不惯他。由于不合群，他几次与领导、同事闹意见，心情郁闷，甚至想到过自杀。一天，因为一件小事遭到领导批评，他与领导大吵一架。回家后，他一边抽着烟，一边分析自己选择的职业是不是存在方向性的错误。他用红色铅笔把自己的利弊写出来：

A. 不甘寂寞，属于干事业型的人；

B. 思想简单，不善于在人事关系中挣扎；

C. 喜欢网络技术；

D. 宁肯当鸡头，不愿意做凤尾；

E. 擅长组织管理；

F. 身体好，思维敏捷，愿意接受新事物；

G. 不愿意被人管；

H. 看不惯官僚作风，反传统的思想占上风。

认真分析完自己的利弊以后，张先生决定辞职，办起了一家网站。仅6年的时间，他开办的网站就在游戏开发、电子地图、卫星导航、电子商务、电子商场、电子旅游、远程教育等领域里成绩斐然，兼并了很多小网站，成为了一家年收入过亿的知名网站。

张先生看清了自己的利弊，重新规划了职业（创业），最终走向了成功。由此可见，一个人如果能理性地权衡利弊，这对于他选择职业（创业），对于他实现人生价值意义重大。

职业规划专家提示

看清楚自己的利弊对于规划职业（创业）非常重要，要努力寻找自己的利是什么，弊是什么，避免走弯路。

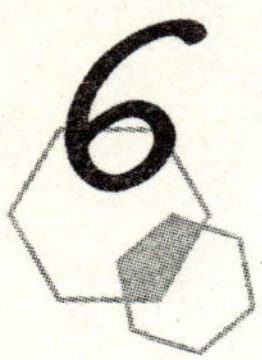

拓宽视野

拓宽视野对于人的成长与成功很重要。目光短浅的人容易被眼前的利益所蒙蔽，沾沾自喜，是干不了什么大事的。

规划职业（创业）是个系统问题，不能急功近利，更不能随波逐流，一叶障目。应该把目光放远，看出几年、几十年、几百年的光景，既要看清楚国内，又要看清楚国外。有远见卓识的人才能把握住未来，才能选择好具有光明前景的职业（创业）。

例如：马先生是优秀的海归代表。20年前回国时，很多外国公司都争相聘请他担任首席代表，负责在国内销售其电子产品，年薪过百万。但他认为卖外国人的产品，无论有多大成就，也是打工者，只有自己创业，才能实现人生的最大价值。于是，他不为利益所动，瞄准了环保、节能、普及、发展、低碳、可持续的项目——太阳能利用开发，成立了一家专门研究太阳能的研发公司。经过几年的开发，公司生产产品数十种，远销海外，占领了国内市场65%的份额和国际市场35%的份额，年产值10多亿元。公司成功上市后，市值持续走高，被广大股民追捧。

规划职业（创业）时，开阔的视野有利于准确定位自己，让自己冷静，在有限的时间内，取得辉煌的成就。

现代科技发达，不用出门就能知晓天下事，开阔视野的途径很多，一是亲自到外面看一看，看得多了，发现的问题多了，想法也就多了；二是充分利用互联网，不用出家门，就能看到各种有价值的信息，合理消化吸收后，为己所用；三是看电视、读报纸、听广播，从中发现有价值的信息；四是有针对性地开展调查研究，集中精力，广泛深入地了解情况；五是广交有能力的挚友，通过与挚友交流思想和经历，规划自己的理想职业；六是多读励志和人物传记书，从中发现有价值的东西，不断完善自己的思想体系，规范自己的人生观和价值观。

大物理学家牛顿说过一句话："永动机是不存在的，因为它违背了能量守恒定律……"

拓宽视野不是说让你选择不着边际的职业，异想天开。违背自然规律是万万不可的，这样只能葬送你的大好前程。应该使自己理性，努力掌握事物的发展规律，预测出未来，提早进入情况，把握先机，从而处于主动地位。创业者的功劳永远超过守业者。

职业规划专家提示

人的视野高低，往往决定规划职业（创业）的成败，在规划职业（创业）的问题上，越少犯错误越好，这是输不起的大事情。

本章观点

一个人如果能坚持和理性选择职业（创业），扬长避短，就更容易成功；一个人只要塌下心来，遵循自然规律，持之以恒，应该就会有所作为，最终现实人生价值的最大化。

成功——规划好职业

第二章

根据爱好

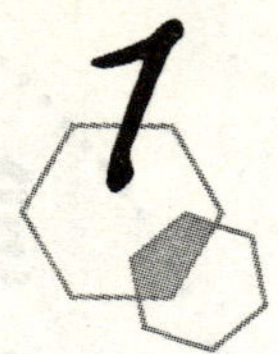

干自己喜欢的事

大科学家爱因斯坦说："从事喜欢的事业，是保持旺盛精力的根本。灵感思维和创造性的幻想，只有在内心认可的快乐的事业中才能闪耀出来……"

爱好是事业（创业）与生命的动力，一个人如果能根据爱好去规划职业（创业），天天干着自己喜欢的事，就会无怨无悔，总有使不完的劲儿，最终获得成功的几率就大。

人如果是主动选择职业（创业）干自己喜欢的事，就利于其主观能动性的发挥，保持阳光的心态，潜力无法估量；如果被动地选择职业（创业）干自己不喜欢的事，往往不利于发挥主观能动性，抱着消极的心态，就一般不会有大的作为。假如不设法改变被动选择职业（创业）的现状，其结果只能是"空悲切"。

例如：20 世纪 60 年代，由于生活所迫，王先生与"兔子大王"从小就开始养兔子。20 岁时，恰好赶上工厂招工，王先生顺利进入了工厂工作，干了自己不喜欢的电焊工，日子过得紧巴巴的。他平时总梦想着发财、成功、风光、旅游、子女出国留学，可是工作到了 60 岁，还是老样子，无奈地退休了。“兔子大王”与王先生同时进了工厂当电焊工人，干了20年以后，感到很不适应，提出调换工作。单位不允许，他最后一狠心，离开了工厂，干起了童年喜欢的事——养兔子。他借钱承包了一座荒山，盖起了1 000多平方米的养殖场，引进了国外先进的兔种，科学杂交配种，培养出了毛长、肉嫩、皮好、耐病、生长快的新兔种，5年下来，兔毛、兔肉、幼兔、兔皮、种兔、兔粪年综合效益高达700万元，产品出口几个国家，总资产超过了1亿元，解决了当地100多人的就业问题，带动了几个上下游企业同步发展。

看着数十万只兔子，“兔子大王”感慨地说：“如果不干我喜欢的事，还干电焊工，我的能力就不会发挥出来，更不会实现我的人生价值最大化……”

“兔子大王”的事例告诉人们，干自己喜欢干的事，就会激情四溢，不断有创新。另外，干自己喜欢的事，不是盲目地干，而是根据市场、发展和能力，恰到好处地“出手”，这样才能立于不败之地。

职业规划专家提示

一个人喜欢的事有很多，不是随意选择，而是要预测未来，经过分析与判断，选择可能成功的、喜欢的、合法的职业（创业）。

获得持续的动力

大物理学家牛顿说："人最大的敌人，不是别人，而是自己，战胜了自己，就是成功者。"

大发明家爱迪生说："失败和挫折正是成功的开始，没有失败，何谈成功呢？我就喜欢失败，如果今天没有失败，我会很失落；如果今天有失败，我会很兴奋……"

选择自己爱好的事作为职业（创业），是明智之举，是通往成功的关键。但有了爱好的职业不等于保证能具备持续的斗志，因为任何一个人在做事过程中都会遇到挫折和困难，一些人面对挫折和困难，失去了动力，退缩了，成功就无从谈起了；一些人动力十足，迎难而上，从跌倒的地方站起来，战胜了自己，就成功了。

成功的人是如何获得持续的动力呢？其实，没有什么特殊的奥妙，他们就是有一股不服输的精神，有亲人的鼓励，有挑战自我的决心，有巨大的希望，有良好的心态，有爱国之心和民族志气，有健康的体魄，有宽广的胸怀和敏捷的思维，有过好日子的欲望，有感恩之心……

例如：22 年前，木匠出身的某建筑装潢公司董事长张先生在其 36 岁时从自己不喜欢的仓库保管员的工作岗位上辞职了，干起了自己喜欢的事——建筑装修工作。他从小没了娘，是吃百家饭长大的，因而总想报答养育他的乡亲们。平日回村子，他看见村民们生活水平低，贫困落后，就组建了建筑装潢公司，带领村民们走出了一条致富之路。创业初期，他遇到了无数的挫折和困难，如工程款被骗、遭人暗算、资金周转不开、建筑材料有缺陷、意外事件干扰工程完工，等等，这些都没有使他退缩。他始终保持着旺盛的斗志，原因只有一个——为了使养育他的乡亲们富裕起来。张先生的办公室里张贴着一幅字，内容是：“为了养育我的乡亲们，我不能退缩”。

22 年过去了，建筑装潢公司承接的工程无数，总资产超过 10 亿元，村子里家家是楼房，家家有汽车，60 岁老人每月能领取生活费，看病不用出村，小学生上学全部免费，大学生学费全包……

持续的前进动力很重要，这是保证事业成功的主要因素。选择了自己喜爱的职业，不仅要有责任，更要有自觉性，不需要别人用鞭子抽着你干，完全属于自愿。没有了自愿，动力可能就会大大减弱。当遇到挫折和困难时，一定要战胜自我，这样才能有战胜困难的可能。

职业规划专家提示

懒惰和退缩是人的天性，要设法战胜懒惰，坚定信念不动摇，相信自己的选择是正确的，不要轻易怀疑自己的决定。

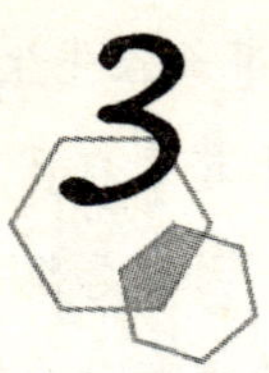

健康、积极、向上的爱好很重要

哲学家说："一个人的爱好，直接反映出他的品质、文化、出身、性格和素养……"

大千世界，芸芸众生，什么样的人都有。世界上没有两片完全相同的树叶，何况人呢？事实上，人的爱好是多方面的，有积极的，有消极的，更有丑陋的，要设法使爱好健康向上，并为己所用，否则就会贻害终生。

例如：一个年轻人爱好收集各式各样的锁，这本来是好事，可是他利用开锁的绝密技术，疯狂盗窃高级轿车，触犯了法律，进了监狱。

根据爱好规划职业（创业），并不是随心所欲，而是根据道德、发展和前途来确定。健康、积极、向上的爱好能使人奋进，使人理智，使人恬淡，使人坚毅，使人豁达，给人以无穷的力量和精神享受，甚至可以成就人生。

例如：20 世纪 40 年代出生的吴老师从小就喜欢看小人书，经常用家里的鸡蛋悄悄地换小人书看。这个爱好一直坚持到他所在的工厂破产。失去工作的吴老师不甘心一辈子这么默默无闻，他把自己关进储藏室，苦思冥想了两天两夜，作出了一个重大决定——根据自己的爱好，开办一家文化收藏公司，以小人书为龙头，兼顾收集古代书籍，特别是宋、元、明、清、民国的古典书籍、文献与历史，内容涉及医药、法典、民俗、传说、天文、历史、宫廷野史、人物、诗歌（词）、兵法、州（县）志、地图、航海图、外交、战争、字画、书法、碑刻、印章，等等。20年的时间，他的公司不仅产生了巨大的经济效益、社会效益，还为国家保留了文物，培养了一大批古代书籍鉴定人才。由于贡献突出，他被当地评为杰出贡献人物。现在吴老师的文化收藏公司还从事拍卖与鉴定业务，成功收回了很多流失海外的珍贵文物，成为国内收藏界屈指可数的集收藏、拍卖、鉴定于一身的综合性公司。

健康、积极、向上的爱好使人一生受益，有心人、有远大志向的人、希望事业有所作为的人，应该积极培养健康向上的爱好，不要局限于一点、一线、一块、一领域上，博学广识，古今中外的问题都可以考虑，越广泛越好，而后根据能力、经济实力、成本、环境、时间等情况，精选一或两个爱好，持之以恒地坚持下去，相信秋天的硕果一定会挂满枝头。

职业规划专家提示

健康、积极、向上的爱好对于规划职业（创业）非常重要，这是走向成功的捷径，更是一种人生享受。

学会分析

有积极、健康的爱好是好事，有利于大范围地选择职业（创业），但要注意不能选花眼，应该理性分析，做到知己知彼。对比一下什么爱好可以成为自己的终生职业，什么爱好更易使自己获得成功。千万不要脑子一热，由着性子来，结果费了九牛二虎之力，也无法实现预定的职业成功目标。

例如：王先生爱好非常广泛，喜欢搞机器人发明、喜欢制造各种机械、喜欢设计图案、喜欢种植果树、喜欢养殖，生活丰富多彩，过得很充实。规划职业（创业）时，他没有分析，选择了制造技术但他只有初中文化水平，缺乏理论基础，没有功底。结果他把全部精力、财力、时间放在机械制造上，付出了艰苦的劳动，甚至还要制造根本无法实现的永动机，但最终也没有成功，遭到了科学的惩罚。如果他选择从事技术含量相对没那么高的养殖、种植业工作，成功的可能性就大多了。

根据爱好规划职业（创业）时，审慎分析非常重要。任何一个人的成功，都是建立在精确分析的基础之上。没有精确分析，就很难作出正确的判断，就不能选择好适合自己的职业（创业）。

职业分析并不是一件简单的事情，也不是脑瓜一转，随机想出个点子就算分析了，它需要大量的原始信息，并将各种收集到的各种信息整理、归类，并进行成本核算和未来前景分析，等等，有时需要花费很长时间进行枯燥的计算与比较，并努力找出适合自己的、规律性的东西来。

例如：22 年前，刚刚大学毕业的小张爱好广泛，喜欢英语翻译、DV 制作、唱歌、服装设计、旅游、中医中药、演讲、做主持人，找了几次工作，都感到不满意，于是决定自己干一番事业。面对职业选择，他很冷静，花费了 1 年的时间进行调研，根据对经济实力、投入与收入成本比、精力、学识和发展等因素的分析，他选择了婚庆服务，成立了婚庆礼仪公司。他认为随着人们生活水平的提高，对婚庆的要求会越来越高，前途无限。他设计了文化婚庆、感恩婚庆、成长婚庆和绿色婚庆等服务内容，深受人们欢迎。22 年后，婚庆公司资产上亿，还在全国成立的 20 多家分公司。张总经理感慨地说："当初如果不分析职业，盲目选择，就不一定能干成功。"

睿智的人十分重视"分析"两个字，因为他们深知"磨刀不误砍柴工"的道理，欲速则不达，对于这一点我们要有清醒的认识。

职业规划专家提示

规划职业（创业）时，从爱好入手很重要，但是应该认真分析，从中找出真正适合自己的职业（创业）。

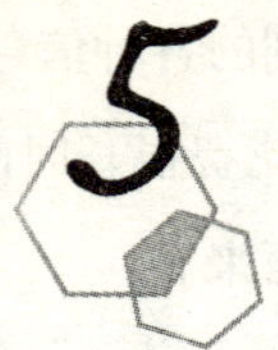

商机意识

规划职业（创业）时，很少有为了纯粹的爱好，而不考虑经济效益的人。原因很简单，因为人需要生存，需要养家糊口，需要基本的物质消费，这是不言而喻的道理。如果为了爱好选择职业（创业），没有收入，或处于负债状态，就不能给亲人和社会带来任何的认可感，人们会说你是败家子，或神经不正常。你自己也会因众叛亲离而不得不半途而废。

经济是基础，是一切行动的前提。根据爱好选择职业，商机意识不可少，这是获得持续发展的重要保证，更是推动爱好更深、更广、更有生命力的源泉，二者统一，互为促进，互为依存。

例如：12 年前，年轻的小赵找了几次工作，都因为不喜欢而放弃了。他喜欢玩摩托车，天天与人赛车。为了提高速度，他花了很多钱改装摩托车，还经常更换更大排气量的摩托车，气得他爸爸得了心脏病，妈妈得了焦虑症，他自己还因为赛车摔伤了几次。一天晚上，小赵因赛车摔伤住院了，爸爸和妈妈十分担忧，找到我，希望我去医院说服小赵“改邪归正”，在病床前，我与小赵谈了半天，使小赵明白了爱好与职业的关系，爱好必须有经济做基础，必须给周围的人带来好处，必须考虑安全……

出院以后，他开设了摩托车维修店，检测、保养、修理摩托车，同时代销几十种名牌摩托车。经过 12 年的创业，维修店的资产达到了 2 000 多万元，员工达到 200 人，还开设了 20 家维修、检测分店，成立了摩托车野外驾驶协会，定期组织活动，会员达到了 2 000 多人。

回忆 12 年前与我在医院的谈话，小赵感慨万千，不断地重复说："爱好要考虑商机，没有商机的爱好是坚持不下去的，是不务正业啊……"

选择职业（创业），如果能抓住爱好和商机的结合点，不但可以使事业腾达，还能产生巨大的经济效益，一举两得，何乐而不为呢？商机意识需要不断积累社会经验，需要冷静思考，善于分析市场，分析各类人群的消费心理，根据自己眼前的实力，选准投资小、见效快、可持续发展的突破口，逐渐向纵深展开，稳步占领市场。一旦确定了爱好的职业后，开始不要好高骛远，要脚踏实地，一点一点地做，就会做强、做大、做持久。

职业规划专家提示

根据爱好规划职业（创业），应该深思熟虑，突出商机意识，这是立业、成功的前提和根本保证。

6 远大的志向

美国钢铁大王曾经说："一个人的志向有多大，往往事业就会有多大，生命力就会有多久远……"

这话说得很有哲理。志向远大的人，目光辽阔，事业必定是兴旺不衰的；没有志向的人，目光短浅，事业必定是短命的。爱好是选择职业（创业）的依据，而远大志向是保证职业（创业）走向成功的根本，无数事实都证明了这一点。

世界财富第一人比尔·盖茨，如果没有远大的志向——"让计算机遍及全世界的任何一个角落"，就不会有今天的微软公司。

世界闻名的日本丰田汽车，如果没有远大的志向——"有路就有丰田车"，就不会有今天无比强大的丰田公司。

全球影视基地好莱坞，如果没有远大的志向——"送给你无法想象的快乐，让愉快伴随着你"，就不会有今天大名鼎鼎的好莱坞。

美国的辉瑞公司，如果没有远大的志向——"解除你的病痛，保证你的健康，是我们义不容辞的责任，愿每个人都长寿"，就不会有今天的医药王国。

例如：20多年前，精密丝网技术一直是外国人的专利，国内每年要用很多外汇购买外国的产品。40岁的李先生从小就喜欢编制草帽、箩筐、草鞋、背篓、凉席、铁丝网和渔网，很喜欢编织这个行业，他立志使公司的丝网遍及五大洲，把外国的丝网挤出中国市场。于是，他把公司赚的钱全部用在科学研究上，引进高技术人才和先进的生产线，瞄准世界一流的同类公司产品，暗下苦工夫。20年过去了，他们公司的丝网销售真的实现了遍及五大洲的目标，占领了建筑、高速公路、汽车、精密仪器、航空、航天、石油、水利、渔业和农业领域，每年利润过亿。如果当初只是为了赚钱，为了吃饭、住别墅、坐高级轿车，公司的产业根本不会这么大，也不会这么持久。

古话说的好，雄鹰之所以飞得高，因为它从小就有冲天之豪气，不惜恋温暖的巢穴；雨燕之所以飞得低，因为它从小只知道衔草筑巢，惜恋温暖的巢穴，不知道外面的世界有多大。

规划职业（创业）时，如果把远大的志向放在首位，像雄鹰一样，以苦为乐，以国家的利益为尚，就不会被眼前的金钱、荣誉、地位、享乐所迷惑，势必会成就一番大事，甚至会名垂青史。

职业规划专家提示

远大的志向对于职业（创业）的发展和事业的成功意义重大，考虑得更长远一些，是成功人士应该具备的信念。

本章观点

根据爱好规划职业（创业），是事业成功的基础，是获得旺盛精力的源泉，智慧的火花会不断闪耀，你会乐此不疲地工作下去，直到实现远大的理想。

第三章

根据市场

成功——规划好职

成功——规划好职业

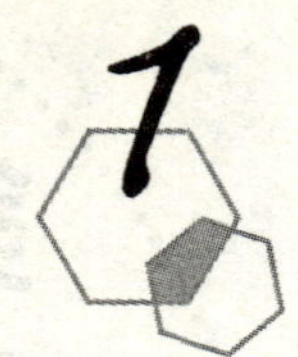

分析市场

现在是自由经济时代，市场广阔得无法想象，只要认准了市场，一般都能有所作为。规划职业（创业）时，一旦失败了，千万不要怨天尤人，关键的原因是自己没有认准市场，不掌握市场的自然规律。应该从自己身上找原因，客观地认清市场，才能很快走上正轨，避免走更多弯路。

分析市场应该从十个方面展开，一是市场需要什么？二是效益有多少？三是投入与产出的比例是多少？四是风险有多大？五是发展前景如何？六是见效速度快慢？七是是否违反有关部门的规定？八是实力如何？九是创业条件是否具备？十是竞争对手的情况如何？

分析市场的根本目的，是为了准确的定位自己，随时掌握市场的动态，使自己始终处于主动地位，实现创业价值。

例如：十几年前，大学毕业的小马找工作很不顺利，决心自己创业。他没有创业资金，经常问自己能干点什么？干什么能白手起家呢？为了保证创业成功，少走弯路，他边打工边分析创业市场。经过半年的市场分析，他认为随着人们生活水平的提高，广告设计与家庭装修设计是有发展的职业，于是确定了广告设计与家装设计的创业思想。他注册了公司，开始“白手”起家的创业历程。十几年的时间，他把自己的美术知识作为资本，不需要厂房、设备、员工和投资，只凭着一台“二手”旧计算机，淘到了第一桶金，接着就一发而不可收了。广告业务发展到涉及300多家企业，与几十家电视台、广播电台、报纸、杂志、网络建立了良好关系，为500多万户作了家庭装修设计，他的公司资产超过了8 000万元，员工由过去的“光杆司令”，发展到100多人。

俗话说：“有多少钱，干多少事。”规划职业时，特别是没有创业启动资金时，更要认真分析市场情况，既要考虑眼前的经济效益，又要考虑职业的未来，还要考虑职业的社会宽度，摆正自己的位置，切实摸清潜在的商机，认真寻找“白手”起家的职业，敢于把自己的知识当成资本，顺利迈出第一步以后，后面的道路就平坦了。

职业规划专家提示

分析市场一定要客观、真实、可靠、系统、连续，不能被感情和个人好恶所左右。

选择突破口

著名的军事家拿破仑说："正确选择了突破口，是战役、战斗胜利的法宝，是检验军事家智谋水平的指标……"

现在市场的机会很多，只要肯吃苦，干什么都能解决基本的吃饭生存问题。现在规划职业，不能只满足于温饱问题，是要干出成绩来，是要实现人生价值，为社会、家庭作出一定的贡献。

同样是规划职业（创业），有的人突破口选得准，成功的把握性就大；有的人突破口没有选准，付出了双倍的努力，结果是竹篮打水一场空，耗费了宝贵的时间，浪费了大量财力。

事实证明，人可以失败，但是不允许盲目失败。盲目失败会使人付出沉重的代价，生命时间的浪费是根本无法弥补的。

根据市场来规划职业是聪明之举，更是成功的开始。确定了适合市场、适合自己又有发展前景的职业后，就要认真选择突破口。因为创业初期，人的财力、精力、斗志是有限的，把好钢用在刀刃上，才能见效快，才能有满足感，才能起到激励作用。

通常情况下，选择突破口应该把握以下几个原则：一是有市场，容易操作；二是具有独特之处，别人没有；三是投资小，见效快；四是便于深入持久地发展，有生命力；五是便于调整，好掉头。

例如：9年前，21岁的小胡怀着美好的梦想从农村来到城市寻求发展。刚进城市时，他感觉眼花缭乱，不知道该干什么。花光了身上的积蓄后，他只好在一家饭馆里打工维持生计，边工作边偷学手艺。1年以后，他积累了2万元，决心自己干一番事业。看着手中的2万元，他反复地问着自己能干点什么呢？他根据城市夜生活繁荣的特点，以及自己资金少、技术含量不高的特点，在一个商业繁华地段，承包了一家小饭馆，精准地确定了投资小、见效快、有发展的突破口——风味烧烤。因为他知道夜生活离不开吃，烧烤又是返璞归真的吃法，只要风味独特，一定会有前途。9年过去了，他的判断完全正确，一家风味烧烤小店变成了160家连锁店，遍及6个省，风味品种达到了300多种，年营业额6 000万元，总资产过亿元。

如果当初没有选准突破口，3万元胡乱投资，投资兴许会打了水漂。血本无归的滋味谁想品尝呢？由此可见，创业前，先理性地选准突破口是多么的重要啊！

职业规划专家提示

选择任何一种职业（创业）都有机会，只是要把突破口找准，突破了一点，就容易向纵深发展了。

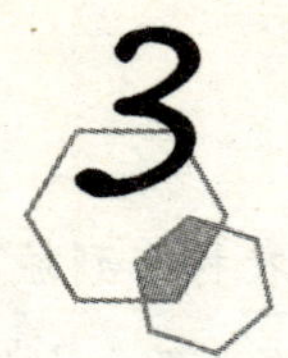

善于预见

古代大军事家鬼谷子说："预乃战之前提，预乃天神之道，慎之！再慎啊！"

现在市场机会虽然多，但是因为战争、贸易争端、汇率涨跌、石油危机、自然灾害、气候变化、新政策出台、疫情流行、人口数量激增、人才短缺等情况，市场风云莫测，瞬息变化，脉搏很难摸准，这就需要我们善于预见，根据当前的情况，预见出未来的发展前景。

预见需要有敏锐的观察力和对事物走向的判断，预见需要有广博的知识，预见需要胸怀全世界，把眼前的热点问题与长久的热点问题思考清楚，而后决定创业的时机与规模。

一位资深的经济学家说："无论市场竞争多么激烈，无论市场多么拥挤，总能找出适合你自己发展的路子。"

例如：20 年前，一位气魄非凡的英语老师辞职了。为什么辞职呢？他认为现在是英雄辈出的时代，自己干事业不仅能闯出一片天空，还能实现人生价值最大化。他认真分析了当时的英语培训市场情况，随着国家经济能力的提升，随着加入 WTO 的进程加快，随着出国热的到来，随着世界 500 强企业来华投资热情的升温，随着人们对独生子女教育的投资日益增大，他判断英语培训必将是我国持续兴旺发展的教育产业，而且是卖方市场。于是，立刻成立了英语培训学校，开设了商务英语，托福考试培训英语，出国常用英语，四、六级英语辅导，幼儿英语，外教英语等科目，占领了全国的大部分英语培训市场，公司的社会效益、经济效益、人才效益出奇的好。几年前，公司成功上市了，总资产超过数十亿元。

当初这位辞职的英语老师是位非常善于预测的人，超凡的先知先觉能力是他获得成功的基础。

预见不是凭空想象，而是脚踏实地地研究眼前市场，千万不要扎堆，不要跟着别人跑，要独辟蹊径，找出规律性的东西来，超越别人几年、几十年的思想认识。

为了提高预见能力，保证预见的准确性，平时应该刻苦学习，开卷有益，有针对性地了解世界，积极收集相关信息，而后把各种信息串联起来，发现其中的奥秘，筛选有价值的东西，为创业打下良好的基础。

职业规划专家提示

预见是反映一个人能力大小的重要指标，是保证规划职业（创业）不走偏的关键，更是保证创业成功的重要因素。

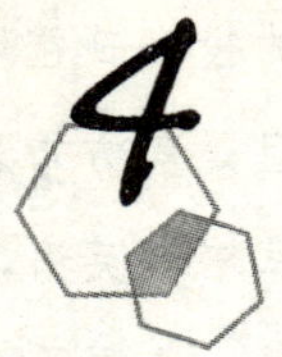

机动灵活

斯大林曾经说过：“机动灵活是克敌制胜的法宝，是一切指挥员必须要牢记的。”

市场经济是残酷的，是不以人的意志为转移的，是存在较大变数的。创业过程中，如果认准了一条路，不善于变动和调整，不能及早回避风险，可能会败得很惨。

机动就是随机而动，根据市场变化情况和人员变动情况而动，不能像生锈的机器那样，没有一点活力。

灵活就是见机行事，因事、因人、因环境、因条件、因地点的不同，而采取的一种积极的行动对策，根本目的是趋利避害。

大凡创业者具备灵活机动的素质，取得成功的可能性就大。灵活机动不是见风使舵，也不是投机取巧，而是根据市场的脉搏，巧妙地规避风险，把竞争者甩在身后，使创业活动一帆风顺。

例如：48岁的许校长因单位人员调整，提前退休回家休息了。一天，他去外地旅游，在一家饭店吃饭。许校长要了一盆药膳鸡汤，喝了几口，感觉口感太好了，问服务员这是什么鸡。服务员说是会飞的鸡，他立刻判断这种鸡一定有市场。回到家乡后，他走访了各大酒店、饭馆，并没有见到这种鸡。他立刻成立了养殖公司，引进了优良鸡种，经过几个月的时间，几万只鸡上市了。鸡上市后，由于价格贵，且无人知道此鸡能飞、肉质好的特点，因此根本无人问津。情急之下，他邀请酒楼和宾馆的厨师来看鸡的飞行表演，果然鸡能飞到5层楼高。由于当地有“宁吃飞禽半两，不吃走兽一斤”的说法，会飞的鸡很快就被人们认可了，高档酒楼、宾馆大量订货，年销售额数百万元。

创业者要具备机动灵活的素质，需要开阔眼界，系统的学习，才能提高自己的水平。

一是学习谋略知识，特别是要掌握古代兵法和运筹学的精髓，科学训练自己的思维；二是学习心理学知识，掌握不同人群的心理特点，达到应对自如的水平；三是学习谈判知识，掌握谈判技巧，赢得主动；四是学习管理知识，激发人员效能，稳稳地驾驭创业全过程；五是学习财务知识，学会理财、善于理财，掌握融资技巧；六是学习专业知识，达到精深而广博，不能一瓶子不满，半瓶子晃荡。

职业规划专家提示

机动灵活是创业不败的保证，也是创业者应该具备的基本素质，应该在实践中不断积累经验，达到出神入化的境地。

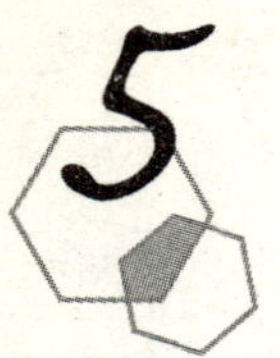

掌握规律

一位世界著名的经济学家说："市场规律分为无形和有形两种，有形的规律大家都知道，商机也就不多了。真正的商机是看谁能发现无形的规律，而提前作出反应。"

一年四季有春夏秋冬，有24节气变化，这是自然规律。市场也是有规律的，无论你选择何种职业，都应该按照内在的规律去行事，不能鲁莽，更不能违背市场规律，不按照职业行规发展，这是创业者应该记牢的事实。

例如：你选择了食品加工行业，正月十五吃元宵，企业不在正月十五前销售元宵，过了元宵节再去组织生产元宵，还有生产意义吗？

又如：现在生猪价格大跌，你违背市场规律，还决定从事大规模的生猪饲养，能不赔本吗？

市场规律有其自身的特点，创业者要有极高的悟性，细细品味，时刻明察市场规律的变化周期，了解供给与需求，环境、交通、天气、资金、政策等影响因素，从而掌握市场规律变化，才能推测出进入市场的时机。

事实证明，进行职业规划后，创业前选择合适的时机出手很重要。时机

不对，失败的可能性就更大；时机恰到好处，成功的可能性就更大。

例如：一家国内著名的从事出国留学中介服务的公司，经过20多年的发展，与国外数千所大学建立了友好关系，在国内开设了20多家分公司，为国内数百万名留学人员提供赴欧洲、亚洲、美洲、大洋洲各国留学的帮助，为数十万家国内外企业提供了技术互助支持。

创业初期，刚刚从国外回国的该公司董事长，根据留学生市场规律，判断未来80年将是我国留学生数量持续增长的阶段，市场逐渐增大。他当机立断，创办了留学中介公司，抢占了市场的制高点。

我们想一想，如果现在才开办留学中介公司，还能分得市场的份额吗？还能抢占制高点吗？根本不可能。

又如：王某因企业改制，下岗了，他选择了黄金投资职业。10年前，他根据黄金与石油市场变化规律，判断10年后的黄金必定突破1 200美元/盎司的价格，他在700～800美元/盎司的价位上建仓，最终等到了预期的指标，获得了巨大的利益。

职业规划专家提示

摸清市场规律需要眼力、谨慎思考与高人一等的心理素质，要静观其变，蓄势待发。

6 寻找矛盾

一位哲学家说："矛盾预示着新事物的开始。因为有了矛盾，人们才设法寻找新办法去解决。"

现在市场上的各种矛盾很多，有供求、利益分配、资源、环境、交通、生活、婚姻、住房、就业、升学、幼儿教育、老人赡养、通讯等各方面的矛盾。任何矛盾的出现，其实就是一次有价值的商机，因为矛盾需要解决，解决矛盾就需要新政策、新办法的出台，这都预示着新的商机。

创业过程中，任何一次新商机的出现，都不会被人轻易发现。因为如果人们都能发现新商机，它也就不是商机了。所以，创业者应该睁大眼睛寻找矛盾，并善于利用好矛盾，抓住转瞬即逝的机会。

例如：一天晚上，张校长在看报纸时，无意中看到一则消息：某地高端幼儿园少得可怜，年轻的家长们为了培养孩子，不惜花重金把孩子送到外地上高品质的幼儿园。高端幼儿园的供给量与年轻家长们培养孩子的需求量出现了矛盾。为了解决这个矛盾，政府出台了优惠政策，鼓励开办高端幼儿园。这个消息对于没有经营头脑的人来说没有任何意义，但是对于有经营意识的张校长来说，却是个重大消息。他立刻整合资源，带着老师和资金到该地开办了学前教育学校。由于吸取了外国幼儿教育经验，学校的教学理念好，师资力量强大，家长们都愿意把孩子送进他的学校，因而他的学校取得了非常好的经济效益和社会效益。后来，张校长又在其他城市对类似的矛盾进行了调查，拓展业务，接连开办了10多家学前教育分校，实现了有价值的创业。

矛盾无处不在、无处不有，矛盾可以促使新市场的诞生，新产业的出现，产品的革命和新技术的发展。创业前，创业者应该耐住寂寞，根据预定的行业，努力寻找新矛盾。平时多观察，多调查研究，多看新闻、听广播，多体察民情，多从政府有关部门了解重要信息，特别是主动了解“白热化”的矛盾，掌握矛盾走向，善于从边缘市场的角度考虑问题，就可能争得先机。

应该知道新矛盾既有必然性，也有偶然性，应该把二者结合起来思考，采取排除法，把没有商业利用价值的矛盾去掉，抓住本质的东西，为己所用。另外，要注意一个新矛盾解决了，还会有另外一个新矛盾出现。要时刻观察市场矛盾的走向，号准脉搏，在矛盾中获取一次又一次的商机。

职业规划专家提示

市场中蕴藏着巨大的商业机会，要慧眼识别矛盾的性质，不要怨天怨地，更不能把眼前的商机放走。

本章观点

市场是决定生存的关键，创业者应该根据市场规律的变化情况，抓住瞬息万变的商机，敢于发展，敢于利用新矛盾，作出超前的判断，确定自己的职业（创业），这是成功的重要保证。

成功——规划好职业

第四章

根据资源

成功——规划好职

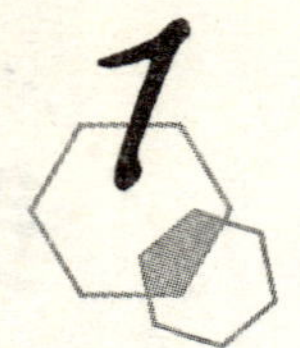

亲人资源

哲学家说："每个人都离不开亲人的帮助和支持，亲人是人成长过程中无可以替代的、独一无二的。"

创业过程中，亲人的帮助和支持是举足轻重的，是比较可靠的，要善于利用亲人的资源，这是得天独厚的资源，别人无法代替。

有些创业者不愿意利用亲人的资源，觉得这是可耻的，很没有面子。要打消这个顾虑，其实谁不是站在前辈的肩膀上生存、发展和创造的呢？利用亲人资源，并不是坐享其成地依赖亲人，更不是索取，而是要有创新、有发展、有效益，实现借鸡生蛋的目的，给亲人争光，给亲人带来利益，实现效益的最大化……

例如：大学毕业的小胡满怀信心地准备自己创业，由于没有经验，今天卖服装，明天开饭馆，后天搞养殖，大后天搞计算机维修，3 年过去了，赔得一塌糊涂，欠了一屁股债。一天，他农村的表哥进城看病，请他帮忙挂号。闲谈时，小胡了解到在表哥家乡有好多荒山和水塘，表哥家还承包了其中一座荒山和几个水塘。但由于表哥身体突然生病，无法开发荒山和水塘了。小胡感到表哥家的荒山和水塘资源可以利用，便与其商量开发荒山和水塘的事，表哥完全赞同小胡的建议，把荒山和水塘的开发权转让给了小胡。小胡根据市场情况合理开发，综合利用荒山、池塘，开辟了苗圃，进行果树栽培、蘑菇种植、葡萄种植和草莓种植，并搞起了牛蛙养殖、野兔养殖、狐狸养殖等。他还建起了农庄，开展农家乐、采摘、狩猎、耕种、收割等经营活动，经济效益显著。10年下来，小胡的公司经营规模逐渐增大，仅牛蛙养殖一项，一年的收入就超过了300万元，不仅自己实现了创业梦想，还为表哥家带来了丰厚的经济回报。

其实，可以利用的亲人资源有很多，如信息、土地、资金、技术、物质、心理支持和间接的人力资源等。创业开始，积极主动地寻找亲人的资源十分重要，只要找准了有使用价值的资源，在不违背法律、道德的前提下，合理地使用，可以少走弯路，避免失败。现实生活中，亲人的资源往往很多，要选择适合自己的资源，但不能贪得无厌，防止“肠梗阻”发生。

职业规划专家提示

利用亲人资源要有选择，要有思考，争取实现“一加一大于二”的效果。

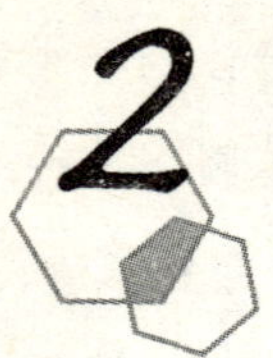

朋友资源

俗话说："一个篱笆三个桩，一个好汉三个帮。""三个臭皮匠，顶个诸葛亮。"

人是社会的人，脱离了群体，失去了别人的帮助，是很难生存下去的。职业（创业）规划是严肃、认真的事，关乎未来的前程和人生价值能否实现，既不能掉以轻心，麻痹大意，由着性子来，也不能束手束脚，瞻前顾后。要根据自己的实际情况，遵循开卷有益的原则，多听、多看、多问、多与志同道合的朋友讨论，善于利用朋友的资源，快速实现自己的人生之梦。

例如：18年前，许先生大学毕业后，进了一家外企，年薪20万元。虽然开始感到很有优越感，但5年后他觉得无论年收入多少，最终还是一个寄人篱下的打工者，于是决定辞职，单独闯天下，检验一下自己的能力，实现创业梦想。

辞职以后，他找到三位他的大学同学，想倾听一下他们的意见。同学们七嘴八舌地谈创业，开阔他的思路。恰巧，一位担任一家广告公司副总经理的同学说到，他所在的公司每年复印、打印的数量很大，消耗复印、打印机的耗材很多，维修成本也很高，建议他从事复印、打印及耗材销售工作，他可以将其公司的复印、打印业务全部交给许先生，这样既降低了其公司购买复印机、打印机、耗材的成本，还给了许先生一定的利润空间。许先生对计算机行业很感兴趣，马上注册了公司，自己当上了董事长，专营复印、打印、维修、耗材业务。他的第一桶金便是从大学同学的公司淘到的。积累了经验以后，他一家一家地走进写字楼，推广经营理念，与数万家公司谈成了复印、打印、耗材供给及维修业务，那些公司不用买复印机、打印机和耗材，也不需要为维修犯愁，只要一年向许先生交纳 3 000 元的服务费，便可以把全部的复印、打印、维修、耗材业务交给其公司，这样就实现了双赢。一家公司一年交 3 000 元，数万家公司的缴费就是上亿元，实现了预定的创业理想。目前，许先生的公司业绩良好，准备上创业板，如果上市成功，预计融资将超过 20 亿元。

朋友的资源很重要，但是利用朋友资源时，头脑一定要冷静，因为朋友既能帮人，也能害人。要交志同道合、思想品德好的朋友，要交诤友，从朋友身上感悟到力量，得到信心支持，为自己规划职业（创业）起到有益的帮助。

职业规划专家提示

利用朋友资源创业，应该建立在独立的基础之上，不能被朋友牵着走，更不能把前途完全交给朋友。

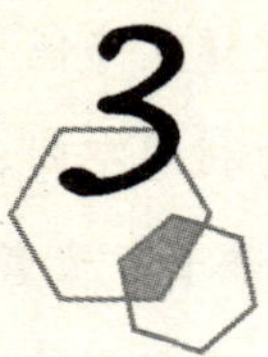

经济资源

西方著名的经济学家在一次论坛上说："经济是人类社会发展的重要基础，失去了经济，发展无从谈起。"

资源随处可见，海洋里的、陆地上的、河流里的、高山上的、空中的、人力技术、废弃物、阳光、风、空气、植物等，只要你是有心人，一定能发现潜力巨大的经济资源。在现实生活中，经常能看见一些人守着金饭碗要饭吃。这是为什么呢？其实是他没有发现脚下的资源。

职业规划（创业）过程中，应该具有孙悟空的"火眼金睛"，能够透过现象看本质，能够识破妖怪的"庐山真面目"，使其现出原形。有了这样的本领，职业规划（创业）就不会盲目，就会理智，就能如虎添翼，势不可挡。

例如：42 岁的王女士是位下岗工人，怎么也不甘心在家吃一辈子"低保"。一天，她从电视节目中无意中看到很多外国中青年人喜欢中国的稻草编织艺术，反映出人们的一种返朴归真的愿望。她立刻有了主意，决定利用自己的编织技术，投资 1 万元开办一家编织厂，进行二次创业。距离她家 3 公里的农村家家种植水稻和麦子，原料不成问题。由于大部分农民一般把收割的水稻秸和麦秸秆烧掉，因而编织用原料成本低，且取之不尽。10 年时间，编织厂接收了300名下岗职工，编制出特色草帽、鞋子、花篮、挂件、桌子垫、椅子垫、地席、床席、遮阳席、拖鞋、坐便器垫圈、电视罩、动物艺术摆件等500多个品种，产品销售遍布国内著名的旅游景区、宾馆、餐厅和商场，并出口50多个国家，编织厂年利润超过2 000万元。

规划职业（创业）时，应该重点考虑经济资源问题，这是制胜的关键，也是实现低成本的重要保证。创业要考虑上游和下游的衔接问题，上游就是资源，包括水、电、路、运输、原料、人员、设备和场地，它是创业的根本，没有上游，创业就是无源之水、无本之木，持久不了；而下游的关键则是市场。

聪明的职业规划者和创业者，一定是把经济资源牢牢地握在自己的手中，不会被别人掐住“七寸”。现在为什么提倡自主品牌，掌握核心技术，根本目的就是将来一旦发生意外情况，不会受制于人，不会使企业（公司）陷入被动。

职业规划专家提示

根据经济资源规划职业（创业），应该做好充分的调查研究，善于发现潜在的经济资源，保证创业持续发展。

身体资源

俗话说："身体是革命的本钱，没有好身体，会使你丧失很多成功的机会。"

身体健康是最大的资源，是规划职业（创业）之本。职业（创业）规划应该根据身体健康情况，扬长避短，寻找适合自身身体条件的职业去创业。如果身体条件不允许，就不要刻意追求根本达不到的创业目标。

身体资源千万不能过度透支，要适度使用和保养，创业保持持续的战斗力最重要。事实证明，什么资源都可以损失，唯独身体资源不能损失，因为身体资源是不可以复制和再生的。

例如：30 年前人们还少有收藏意识，在工厂工作的沈先生 26 岁，身强力壮，喜欢跑步运动，每天有使不完的力气。由于工厂产品滞销，每天没有什么工作做，一包香烟、一杯茶水，混到下班，沈先生感到在浪费生命。一天闲谈时，他听工友说，某山里的农民在当地挖到了一个明朝瓷碗，卖了 10 万元。对此他很心动，于是辞了职，决心到偏僻的山区收集古玩。凭借自己的好身体，他背上背包，独自一个人到偏僻山区的村庄、农舍、集贸市场的地摊用低廉的价格收集古玩。饿了他就吃几个冷馒头，渴了喝口河水、井水，困了就睡在废弃的砖窑里，这些年来他一共收集了2 000多件珍贵的古玩，有名人字画、明清红木家具、宋、元、明、清代官窑瓷器、古代、近代精美的文房四宝和玉器，价值超过10亿元。现在他的公司已经成为国内知名的古玩艺术文化公司，很多古玩都是国家级文物。

身体资源是独一无二的，只要有健康的身体，又不怕吃苦，头脑灵活，选择适合自己的职业（创业），信心十足，一心一意地干下去，成功的希望就大。

例如：农民韩某是位身强力壮的汉子，一顿能吃8个馒头。他一心想致富，却常常因为没有特殊技术而苦恼。根据土地政策，村子里转包山林，村民们没有一个人愿意干，他一马当先，承包了几百亩山林。每天起早贪黑，上下十几趟，依靠其良好的身体素质，把山林经营得非常好。几年下来，山林的经济效益见效了，每年给他带来他以前连做梦也想不到的200万元收入。

其实，有些创业项目不一定需要高深的技术，只要身体素质好，不怕受累，耐住寂寞，脚踏实地地干，终归有成功的这一天。

职业规划专家提示

利用身体资源创业，要按照客观规律办事，牢记“适度”二字，合理分配体力，持续发展。

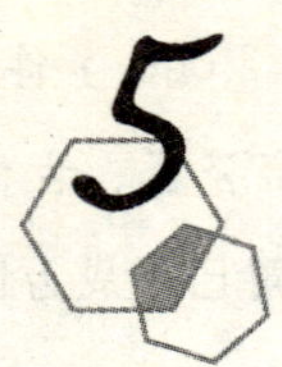

地域资源

美国铁路大王在一次演讲中说："地域优势、地域资源是上帝赐予创业者的金钥匙，少数有头脑的人拿到了这把钥匙，财富之门从此就被打开了……"

职业规划（创业）讲究天时、地利、人和、能力，四者缺一不可。如果创业者占据了地域资源，优势无人可敌。地域资源包括：矿山、森林、水利、公路、铁路、机场、电力、教育、科技、信息、特产、农作物、畜牧、水产品、药材、非物质文化遗产、名胜古迹、古代遗址、特殊地貌，等等，都是创业者应该关注的，仔细寻查，会有所收获。

例如：白某居住在地处四面环山的某县，他没有考上大学，看到同学们都外出打工，一个月挣上千元，心中很羡慕。同学劝他一起去外地打工，他冷静思考着创业问题，规划着未来。最后，一个信息留住了他，据说县城附近可能修飞机场、搞经济开发区、修电气化铁路，于是他决定就地利用地域资源创业致富。他在家门口承包了采石场，成立了建筑材料公司，主营粉碎建筑用各种型号的石料，不久机场、开发区、铁路、住宅、厂房建设大规模开始了，建筑石料供不应求，年利润相当可观。当初外出打工的同学在外面混不下去了，纷纷回来，也投奔到他的公司工作。

其实，地域资源到处都是，如果你目光短浅，没有创意，没有用联系的方法思考创业问题，可能发现不了。另外，地域优势也在不断地变化着，眼前是优势，以后就是劣势了，要准确抓住。

例如：一位森林工人，因各地实施林木保护，企业转产，工友们都到其他城市寻找工作去了。他不愿意闲待在家里，准备二次创业。一天，他坐在草地上思考，几只大黑蚂蚁爬上他的膝关节，咬了他一口，膝关节一阵麻木。第二天，他意外发现他的风湿性关节炎比前一天好多了。他立刻查阅药典，发现大黑蚂蚁能祛除风湿，对治疗风湿性关节炎有奇效。于是，他决定开发蚂蚁药酒，经过几年的努力，他生产的蚂蚁药酒品种多、质量好、销量大，年利润过百万元。

我国地大物博，资源多，分布不均，各地的优势不同。沿海有沿海的优势，山区有山区的优势，森林有森林的优势，牧区有牧区的优势，高原有高原的优势。在职业规划时，如果能从自身所处的地域思考问题，占据地利，再加上自身的努力，成功的希望就大。

职业规划专家提示

优势与劣势是可以转化的，利用好了，劣势可以转化为优势，利用不好，优势也是劣势，要善于判断。

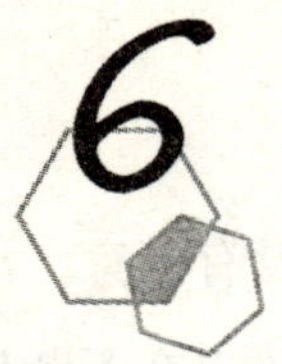

政策资源

一位著名的经济学家说："政策是经济发展的闸门，这个闸门打开后，第一批进去的人，就可能是淘到第一桶金的人。要善于发现这个闸门……"

职业（创业）规划离不开政策，你想干的事，政策不允许，就不会有机会；政策出台了，你既愿意干、又能干，机会就来了。因此，创业者要有政治意识、民族意识、大局意识、国际意识和经济意识，眼观六路，耳听八方，养成读报、看新闻、听广播、上网的好习惯，掌握"两会"的精髓，时时刻刻关心国家大事，因为国家的重大决定、决议、国民经济发展规划、政府工作报告、财经政策、农村政策、公务员招考政策、高考政策、就业政策、农民工政策、开发区政策、残疾人政策、资本政策都与未来的经济走向有关系，都是新政策的信号，都是创业的机会。

例如：改革开放初期，国家鼓励一部分人先富起来，鼓励个体经营。高中毕业没有工作的白先生响应政府号召，申请了营业执照，在火车站附近开办了一家小旅馆和一个小饭馆，他诚实经营，靠着良好的服务质量赢得了广大消费者的心。30多年过去了，小旅馆变成了十多层高的大宾馆，他又开了十几家特色大酒楼，还成立了旅游公司，当上了集团公司的董事长。

要知道一个事实，政策是有时效性的，无论多么好的政策，也会发生变化，甚至可能会被废止。所以，当新政策出台以后，要第一时间吃透政策，根据自己的情况，最大限度地用好政策，从政策身上找黄金、找出路、找成功之点，千万不能犹豫不决，更不能观望，甚至抵触，以免错过创业的大好时机，追悔莫及。

例如：某地开发区招商引资，优惠政策非常多，张某和李某同时得知消息，张某瞻前顾后，想进驻开发区，又担心有陷阱，决定观望一下。李某信心十足，大胆投资进入，事业上了新台阶。等张某得知开发区的好处再想进去时，开发区的政策已经变了，准入门槛也高了，根本无法进入，张某也就此错失了发展的良机。

现在出台的各种政策一般比较稳定，不要疑神疑鬼，更不能全盘否定，要认真研究政策，根据自己的实际能力，走出创业的新途径。利用政策选择职业（创业），不能急功近利，既要考虑眼前，又要考虑将来，实事求是最重要的。

职业规划专家提示

政策是规划职业和创业者优先考虑的重大问题，只有在政策的保护下，创业与职业规划才能安全、持久和稳定。

本章观点

资源是创业者规划职业（创业）的一个重要参数，一定要开阔思路，综合考虑，认真研究，充分利用，果断出击，不能马虎，不能犹豫，不能否定，做敢于“吃螃蟹”的第一人。

成功——规划好职业

第五章

根据

需求

孩子的需求

世界零售商大王说："孩子的需求任何时候都是钢性需求，抓住了孩子的市场，一劳永逸，没有不成功的……"

确实如此，父母爱孩子，爷爷、奶奶、姥姥、姥爷爱孩子，都舍得为孩子花钱，特别是孩子的智力投资上家长更是不计算成本，孩子是市场的常青树，是市场的主力军，是永远的话题。

认真分析一下，孩子的市场需求的确很大，奶粉、婴幼儿服饰、玩具、书籍、报刊、营养品、小食品、智力开发产品、幼儿园、学前班、娱乐产品、艺术照相、影视产品、动漫产品，等等，任何需求，都能产生无限的、长久的市场。

例如：36岁的王女士在机关工作，每天面对同事的算计，提心吊胆，感到很压抑。她感到这是在浪费有限的生命，她的能力根本无法得到发挥。一天，好事的女同事背着一个名牌包在她面前显摆，她感到受到了侮辱，创业的激情被点燃了。辞职后，她瞄准了孩子智力开发市场，从高端入手，开办了早期智力学校，引进国外早期教育先进理念，招聘从国外留学回国的专业师资，站稳了早期智力开发教育市场，很多有钱人不惜花重金，把孩子送到她的学校学习。10 多年过去了，学校开设了十几家分校，与国外很多早期智力开发教育研究机构“联姻”，定期搞学前教育学术交流，社会效益、经济效益显著，积累的资产过亿元。

有人问王女士创业是如何成功的，她笑着说创业成功的原因有三点：一是不甘寂寞，不愿意在机关里混日子，被复杂的人事关系干扰，人生一世不容易，窝窝囊囊、默默无闻是一辈子，轰轰烈烈、展示自我也是一辈子，为什么不让生命光芒四射呢？二是创业的项目好，选择了儿童早期智力开发，这是永远的市场，不可能消失。三是选择高端群体，赚有钱人的钱容易，赚有钱人孩子的钱更容易。

孩子是人类的未来，任何一个家长都不希望孩子输在成长的“起跑线”上，为了孩子健康成长，给孩子创造好的学习环境、生活环境，家长会绞尽脑汁，想方设法地为孩子投资，这是中国的国情，是不会改变的。

职业规划专家提示

市场一半是孩子的，只有深刻地认清这个事实，才能在选择职业（创业）时敢于定下决心，才能在创业的道路上走得更远。

老人的需求

联合国的一位官员说："老龄化的问题将是全世界共同面对的严峻问题，某些国家更加突出……"

随着人们物质生活水平的提高，人口的寿命逐渐延长，老年人的数量迅速增加，几千万老年人的生活构成了巨大的消费需求，职业规划（创业）时，如果能根据老年人的需求，选准了某个领域，及时、准确地投入市场，机会就会出现。

老年人虽然比较节俭，但是必要的消费还是需要的，市场其实很广泛，如：保健品、健身器材、药品与医疗器材、养老院、衣服、书籍、报刊、休闲娱乐用品、金色旅游、婚介服务、一对一专业护理服务、保姆中介，等等。

例如：23岁的小徐高中毕业时差一分，没有考上大学，上了护校。毕业后，她在一家医院当护士，因为经常上夜班，身体无法适应，于是辞职了。她很有理想，也有闯劲，天天思考着二次创业问题，梦想着将来能有所成就。一天，78岁的邻居王大妈突然生病，因她平时家里无人，幸亏被小徐发现，才被送进医院，脱离了危险。王大妈出院后，鼓励小徐开办一家养老院，这样可以让那些家里无人照顾的老年人得到照顾和帮助。小徐认为这是自己创业的机会，筹集了几十万元，开办了养老院。12 年过去了，养老院靠优质的服务，顺利发展，小徐已经开办了 6 家分院，共有 3 000 多名老年人长期在这里幸福生活，老人们都称她为闺女。小徐不仅解决了当地 500 名年轻人就业问题，还积累了 1 000 万元的资产。现在，小徐每天精神饱满，认为自己的职业规划对了，很有成就感。如果当初犹豫不决，没有冒险精神，还在医院继续当护士，只能默默无闻地工作，根本不会有这么大的人生价值。

其实，瞄准老年人的需求规划职业（创业），成功的希望还是很大的。为什么这么说呢？第一，因为现在的老年人一般都有文化，不是把自己关在家里的人，而更愿意积极参与社会活动，贡献余热，渴望回归大自然、享受大自然，老年旅游热会持续走高。第二，国家提倡和谐社会，孝敬老人、尊重老人蔚然成风，年轻人怎么孝敬老人呢？首先是生活必需品，需要金钱支持；其次是文化娱乐，也需要金钱支持；三是医疗保健，更需要金钱支持；四是一对一护理，还是需要金钱支持。

职业规划专家提示

老年人的消费市场不可忽视，这是永远也不会枯竭的大市场，只要有创新，在这个领域就可能实现人生价值。

女人的需求

美国化妆品销售大王说："为了美丽和荣耀感，妇女是不会吝惜打开自己的钱包的……"

妇女能顶半边天，是值得人们尊重的。当今女性已经不是新中国成立前的妇女了，她们有文化、有追求、有工作、有品质，会生活也会享受，她们靠劳动，能自己养活自己，她们积极参与社会活动，为人类社会的发展作出了巨大贡献。

女人有女人的特点，爱美是她们的天性，是大自然赐予她们的特有的专利。围绕女人的特点，可以思考出很多美好的职业，找到其中的一点，就能使创业顺利展开。如：卫生用品、护肤品、保健品、健身器材、体育器材、药品与医疗器材、美容、美发、美甲、衣服、鞋子、手包、手机、计算机、床上用品、花卉、内衣、咖啡、小饰物、珠宝、轿车、手表、书籍、报刊、休闲娱乐用品、休闲食品、旅游、婚介服务、心理辅导，等等。

例如：改革开放初期，揣着 1 000 元的孟先生来到南方创业。通过调查，他看准了女士内衣市场，靠几台老式人工缝纫机和几名职工，成立了简易的内衣制作工厂。30 年过去了，现在在数十个开发区里都能见到他的女士内衣生产工厂，缝纫机也换成了电动的，工人超过 3 000 人，借鉴国外的内衣设计款式，他根据亚洲女性的身材特点，开发出了 600 多个品种，产品远销海外。

笔者请已经当上董事长的孟先生谈谈成功的经验，他深有感触地说："女人的市场大得惊人，只要把其中的一个领域做大、做精、做强、做深入，一定能有所成就，千万不要好高骛远，脚踏实地地工作最重要。要不断改变产品，迎合不同女人的品味需求。"

女人的市场的确很多，就看你的眼力如何了。一要有创新，开阔眼界，把目光放远，根据国内外市场的最新动态，及时变换产品和服务方式，以满足不同层次的需求；二要定位准确，根据职业、经济实力、年龄、职业的不同，确定创业方向，这是最关键的问题；三要有需求，需求最终决定创业的成败，要把女性的普遍需求与个性需求结合起来，从基础的事情做起，稳步发展，就会避免创业失败。

职业规划专家提示

女人的需求无可估量，市场是永远旺盛的，这是创业者实现人生价值的平台，要睁大眼睛，认真寻找适合自己的职业（创业）。

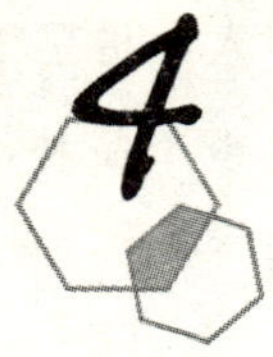

健康的需求

一位健康保健专家说："人类健康是当今世界最重大的课题，是我们共同的责任。"

人类社会高度发达的今天，人们日益认识到健康的重要性，没有健康，生活质量就会下降；没有健康，一切无从谈起。健康是金钱买不来的，因为生命只有一次。人们都明白这个道理，荣誉、金钱和地位是身外之物，追求的越多越伤害身体健康。人最大的财富是健康，这是人生的本质，更是人们追求的最终目标。

有一家调查公司做了一个调查，无论多么节俭的人，在他生病时，为了健康，他也舍得花钱，甚至不惜举债、卖房子、卖地。

过去人们的生活条件不好，没有时间、金钱和精力关注身体健康，也没有健康保健意识。现在条件具备了，健康保健意识增强了，人们都明白了"未病"的重要性，想健康活到100岁，要实现"未病"，就需要科学与系统地保养。保养不分男女老幼，从出生就需要保养，直到死亡的最后一刻。保养的范围很广，如心理保养、饮食保养、饮水保养、中医养生、运动养生、环境养生、专业保养，等等。如果选准了其中一个领域，抓住人们"求健康、想长寿"的心理，准确地定位市场，应该就会有广阔的市场前景。

例如：17年前，在一家医药公司做药材管理工作的张女士由于一次意外事故，被迫辞职了。闲在家里，她心情郁闷，思考着干点什么？一天，妈妈便秘和痔疮的老毛病犯了。她陪妈妈去医院看病。一位老中医开了几味草药，嘱咐她妈妈每天泡水喝。5天后，妈妈的便秘问题解决了，痔疮问题也缓解了。她感到中药太神奇了，立刻进行了市场调研。调研数字显示大约有80%以上的人患有痔疮，有60%以上的老年人、30%以上的公司白领患有不同程度的便秘，严重影响生活质量和生命健康。于是，她拿出积蓄，成立了保健品公司，聘请中医专家和药理专家，专门开发治疗、预防便秘和痔疮的饮品，产品一上市，立刻引起轰动，取得了巨大成功。现在她开发的产品多达20种，适合各种人群饮用。

随着人们健康意识的提高，人们对健康的需求会日益强烈，只要有好的健康产品，对健康有益，能提高人的生命质量，延年益寿，创业成功的机会就大。

职业规划专家提示

健康产品的市场大，永远也不会消失，只要搞好市场研究，善于把高科技知识运用到健康产品中来，就一定会有光明的前景。

特殊人群的需求

哲学家说："原本没有路，第一个人走了，接着人们就跟着走了；走的人多了，就形成了路。"

纵观杂乱的市场，可以发现有很多特殊人群需要特殊的产品，如果能把握先机，敢于第一个去创业，兴许就会找到成功之路。为了能找准创业之路，可以大致梳理一下都有哪些特殊人群。如：盲人群体、近视眼群体、肢体残疾人群体、精神病人群体、痴呆病人群体、留守儿童群体、留守老人群体、空巢群体、高空作业群体、在污染环境中工作的群体、自行车爱好者群体、野外生存爱好者群体、球迷群体、舞蹈者群体、书画者群体、篆刻者群体、摄影爱好者群体、票友群体、航模爱好者群体、车模爱好者群体、音乐爱好者群体、养信鸽群体、武术爱好者群体、民间艺术爱好者群体、垂钓爱好者群体、斗鸡爱好者群体，等等，各个群体都有特定的消费需求，这就是创业的基础所在。

例如：一心想发家致富的农民工王某外出打工5年，没有赚多少钱，很不甘心。他回乡后，决心自己创业。一天，他在集市上转悠，发现一群人在欢叫。他走过去一看，数百人在围观"斗鸡"比赛。"斗鸡"比赛是民间的传统活动，很有市场和群众基础。他立刻有了主意，投资5万元，建起了“斗鸡”养殖场，买来了50对“斗鸡”种，开始了大规模饲养。十几年下来，品质优良的纯种“斗鸡”数量超过上万只，除满足“斗鸡”爱好者的需求外，还在旅游景点举办“斗鸡”表演，不仅增加了旅游收入，还使“斗鸡”养殖场的效益大增。有经济头脑的王某还根据当地人喜欢喝汤的特点，在当地十几家酒楼里创新招牌汤——“斗鸡”养生汤，人们从来没有吃过“斗鸡”，都想品尝一下“斗鸡”的滋味，生意异常火爆，一年的纯利润超过了300万元。

其实，无论市场竞争多么激烈，总会有机会出现在眼前。如果你决定在特殊人群中寻找市场，一定不能急功近利，更不能跟着别人乱起哄，要耐得住寂寞，充分进行市场调研，根据特定人群的特殊性，把握住创业的最佳时机，大胆引进国内外先进的技术，坚持特色服务，把保障与信誉放在首位，把安全问题考虑好，坚持以人为本的创业原则，才能达到双赢的目的。

职业规划专家提示

特殊人群的市场广阔，需要认真了解他们的心理特点和消费特点，真实地掌握他们的需求规律。

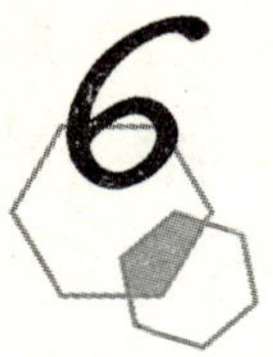

礼品的需求

一位国际资深的礼品销售商说："礼品市场前途无限，无论是低端的，还是高端的，只要你想的到，就有可能赢得机会。"

我国有5 000年的悠久历史，各种传统节日很多，借助特殊的节日表达一下孝心、爱心和友情是人之常情，这在人们心中已根深蒂固。现在复古之风日渐显现，人们崇尚礼仪，尊老爱幼，希望回归自然的礼尚往来的状态。在全球一体化进程不断加快的当今，国际间交往的形式呈多样化趋势发展，互赠礼品是增进感情与友谊的催化剂。现在是市场经济时代，在经济领域里，感情投资很重要，而感情投资离不开礼品。现在旅游市场活跃，人们希望走出家门四处看看，这为旅游礼品市场也奠定了很好的基础。

如果创业者睁大眼睛仔细观察礼品市场，就会发现礼品的种类繁多，五花八门，无奇不有，涉及各个领域；如果创业者能与时俱进，根据自己的实力，抓住其中的任何一点，成功就在脚下。

例如：高中毕业的小孟不甘心待在家里当"啃老族"，经常去小商品市场转悠寻找创业方向。一天，他看到几个外国人在一家卖首饰的店铺前询问是否有珍珠项链出售，店主说没有。他灵机一动，对市场里的珍珠商品进行了调研，发现没有一家店铺销售珍珠，于是决定从事珍珠礼品创业。小孟从某珍珠生产海域购进货真价实的珍珠，设计了高端、中端、低端的珍珠礼品产品，如情侣珍珠、贵妇珍珠、养生珍珠、定情珍珠、银婚珍珠、金婚珍珠、友谊珍珠、尊师珍珠、篆刻珍珠、长寿珍珠、生日珍珠等，又根据人们的爱好，设计出数十种吸引人眼球的首饰包装，于是很快就占领了当地的市场。现在他不仅在国内很多城市开设了分店，还在外国开设了分店，一年的利润超过500万元，这令他当年考上大学的同学都羡慕不已。

礼品市场里的学问很大，如果想在这方面创业，就应该有创新，步人后尘是没有前途的。只有与时俱进，积极思考，遵循以人为本的原则，才能闯出新市场。如借助特殊的活动设计礼品，借助古迹设计礼品，借助特殊的历史人物设计礼品，借助神话故事设计礼品，借助人们追求健康的心理设计礼品，根据特定人群设计礼品……无论开发什么礼品产品，准确定位很重要，不能求大求全，更不能异想天开。

职业规划专家提示

礼品市场前景广阔，需要定下心来仔细分析、寻找需求规律，把握住市场的脉搏，该出手时就出手。

本章观点

需求是人规划职业（创业）时需要考虑的一个重要因素，只要选择别人需求的职业（创业），只要敢于创新，准确把握市场脉搏，创出特色，遵循以人为本的原则，就能兴旺发达。

第六章

根据

发展

成功——规划好职业

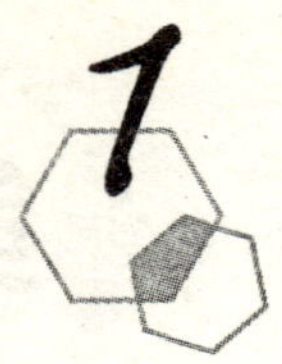

社会的发展

西方一位著名的科学家说："今天的社会发展速度是人们难以想象的，这既是机遇，又是挑战……"

的确如此，当今世界飞速发展，人口的发展、航空航天技术的发展、农业的发展、建筑的发展、体育事业的发展、电力的发展、医药卫生的发展、教育的发展、建筑的发展、铁路的发展、通讯的发展、水利的发展、公路的发展、计算机的发展、服装的发展、美容的发展、电影电视的发展、书刊报业的发展等，无一不令人振奋，这些都是创业的基础和条件，都有无限的机会。

哲学家说："只有发展，才能有创造，才能有机会，才能有希望，才能有新矛盾发生……"

任何一个领域的发展，都能给人类带来新观念，促使新市场的诞生，如果你是有心人，一定能在发展中，寻找到适合自己的职业，实现创业的梦想。

例如：十几年前，马老师因为一次意外事故，失去了工作，她不甘心自己的失败，决心二次创业。一天，72 岁的邻居张大妈外出买菜，高血压病犯了，恰好遇到马老师。马老师把张大妈送回家，得知张大妈的儿女不在身边，请了几个保姆都不合适，只好自己一个人过日子。张老师回家后，通过查阅资料，判断随着社会的发展，老年人的数量会日益增多，他们都需要有人照顾与关怀，于是就成立了一家家政服务中介公司。她一方面去外地招聘家政服务员，另一方面请专业人员给家政服务员进行护理、照顾月子、礼貌、行为、做饭、卫生、安全、交流、买东西等方面的培训，切实保证每一位家政服务员的服务质量，从而深受人们的欢迎。经过几年的发展，马老师的公司的家政服务员供不应求，实现了经济效益和社会效益的双丰收。

社会发展是不可阻挡的，这是大趋势。只要能认识到这一点，善于预测和判断，看准发展的脉络，结合自己的实际，诚实守信，勇敢地去创业，就能在激烈的市场中赢得先机。

职业规划专家提示

发展是主流，创业者应该顺应潮流，抓住瞬息万变的机会，果断出击，不断进取，才能有所作为。

科技的发展

科学泰斗爱因斯坦说："科技发展不仅能改变人类的生活方式，而且还能让我们更准确地探知未来……"

科学技术是第一生产力，科技发展速度一日千里，给人类带了无限的福音，科技使人们的生活变得更快捷和方便，令很多疾病得以根治，使过去无法办到的事得以完成，科技是人类发展的永恒主题。

创新是科技发展的根本，很多新发明、新创造都是在前人发明的基础上实现的。如蒸汽机车到电气机车，固定电话到无线通讯，无声电影到有声电影，人工手术到机器人手术，传统种植到现代化种植等。

目前，需要创新的科技项目有很多，很多问题都需要新科技来解决，只要你是有心人，只要你善于钻研，只要是人们需要的产品，只要是符合自然规律的项目，只要是能推动人类社会进步的产品，集中精力开发，你就一定能收到效果。

例如：10几年前，张先生海外留学归国后准备大干一场。当时国内倡导节能产业发展，他就选择了开发生产节能灯。张先生根据国内外节能灯的发展趋势，结合我国居民用灯、城市照明用灯、特殊场所用灯的实际情况，利用他留学期间所学的技术，夜以继日地搞科学研发，开发生产出了30多种节能灯产品，有适合城市和农村居民家庭用的、商场用的、学校用的、工厂用的、机场用的、城市路边照明用的、体育比赛用的、歌舞厅用的，产品远销海内外，年利润超过5 000万元。

创业者如果能围绕科技做文章，积极围绕环保、节能、低碳、进步、健康、生活、通信、交通等内容开展活动，不仅会有广阔的市场前景，更重要的是还能为社会发展做贡献。

科技创业不仅需要有严谨的态度，更需要耐得住寂寞，不能急功近利，更不能只想着成功，一定要用勇气面对失败，具有坚忍不拔的意志品质，才能最终有所成就。

另外，要打破科技创新的神秘感，不一定要具备高深的理论知识和科研水平。在现实生活中，有很多科技创新成果就是简单的科技组合，最终产生了巨大的效益。其实，小发明、小创造、小革新更适合普通人去实践。

职业规划专家提示

根据科技发展规划职业具备强大的优势，因为科技是引领社会发展的关键，任何时候人们都需要新科技和新产品。

服装的发展

法国时装设计大师说："向往美丽、时尚的服装是人天生的属性，是全世界共同的文化……"

穿是人们一时一刻也离不开的生活必需品，只要人类社会存在，服装就不会消失。改革开放前，人们经济紧张，思维传统，眼光放不开，没有时间考虑穿的问题，审美意识差，经常是一身衣服、一种颜色、一种款式穿到老，服装文化裹足不前。

改革开放以后，人们看到外面的世界是如此精彩，服装文化和产业飞速发展，各种样式的服装如雨后春笋般地迅速进入商店的橱窗，如职业服、西服、休闲服、表演服、民族服、传统服、校服、礼服、运动服、工作服、儿童服、老人服、文化服等，人们不仅敢穿了，还有了较高的服装审美意识，精心打扮自己已经成为时尚。普通人不仅一年四季都有漂亮衣服穿，而且每季的衣服还不止一件（款），一般会备有好几种（款），这给服装产业带来了巨大的商机。

例如：19 岁的高中毕业生小吴，没有考上大学，又不愿意复读，决心自己创业。他好穿，特别崇尚美国、韩国、日本青年人的服装，于是在北京繁华的商业区开办了一家服装店，专门经营年轻人喜欢的外贸服装和国外流行服饰，还与数十家外国服装公司签订了专营代理销售合同，经营款式200多种，青年男女都适合。他还根据不同的消费群体，把服装分为11个档次，都是标准价格，如999元、899元、799元、699元、599元、499元、399元、299元、199元、99元、19元，服装店的业绩好得惊人。为了拓展业务，他又开办了17家服装分店，还成立自己的服装设计、制作公司，年收入超过3 000万元。

当今世界，服装业的发展前景广阔，商机无限，服装文化已经不是一个地区、一个国家的事情了。只要具备一定的服装知识，放眼全世界，善于把中国传统服装文化与外国服装文化巧妙地结合起来；把人的形体美和视觉美结合起来；把人们回归大自然的心理与服装设计、材料选择结合起来；把消费需求人群定位准确，以独特的视角开创自己的服装设计、销售之路，就一定大有出路，大有前途。

职业规划专家提示

服装产业里储存着巨大的发展机会，只有潜心研究各地的服装文化，了解服装发展的趋势，掌握人们的服装心理，才能立于不败之地。

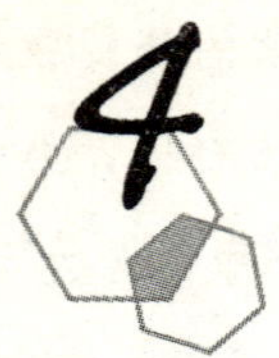

饮食的发展

一位资深的饮食研究专家说："全国的餐饮市场很大，一般情况下，开一个特色中高档餐馆，就能火一个特色中高档餐馆。"

这话不一定准确，但也充分说明了餐饮市场的兴旺发达。如果能根据人们的饮食习惯、口味，抓住人们重视健康、绿色、探奇的心理，研究饮食发展的规律，创办特色饮食，成功的希望就大。

饮食是保证生命正常代谢的根本，是贯穿人类起源、进化、发展的第一要务，无论是王公贵族，还是平民百姓，谁都离不开吃。

过去人们的生活水平低，能填饱肚子就不错了，哪还能讲究享受美食啊。现在生活条件好了，很多人已经认识到只存钱不消费是件很愚蠢的事；天天粗茶淡饭，不讲究营养、不讲究美味是很遗憾的事，所以大家不仅肯在饮食上花钱了，而且也讲究营养与养生了。现在人们的生活节奏加快了，重大节日都想休息一下，不再像过去那样为了一顿家庭聚餐，累上好几天准备，一般家庭能接受去餐厅办家宴了。现在朋友交往频繁，请朋友用餐一般也不往家里带，餐厅是首选。现在各种会议、展览名目繁多，会议、展览用餐不计其数。写字楼多如蚁穴，很多白领需要快餐送餐服务。现在人们更注重健康，担心食用含有农药的蔬菜、粮食，或是含有激素的肉类，希望吃到纯绿色食物。那些因为饮食不善，导致各种疾病增多的人，希望通过药膳食物，把疾病再吃回去等。

例如：赵师傅 37 岁就下岗了，准备回老家种地。一天，报纸上的一条新闻——城市人喜欢绿色蔬菜、野菜、野生竹笋——让他茅塞顿开，找到了创业之路。他立刻成立了野菜种植、加工公司，承包了几十亩地种植没有污染、营养丰富的野菜，他还引进了真空包装技术，把野菜制作成罐头，第二年就见了成效。他种植的十几种野菜在市场上深受人们喜欢，产品还出口国外，他的公司每年有 100 多万元的纯收入。

饮食是人们必需的消费，这是不容置疑的事。但一定要认真研究人们的饮食心理，创建有特色的、传统的、风味的、健康的饮食服务，既要经济实惠，又要让人们享受口福。另外，需要注意一个原则问题——饮食直接关乎人们的生命健康安全，要把住卫生、健康关，特别是经营高危食品（河豚、蘑菇、白果、药膳）时，更要严格、认真、细致，得到有关部门批准，不能出纰漏。

职业规划专家提示

饮食行业的选择面宽广，要根据不同人群的需求，办出新意。

本章观点

根据发展选择职业、积极创业是非常明智的，这是把握人生机会、争取事业主动的根本。事实证明，发展是第一要务，任何一次发展过程，都是规划职业（创业）的最好时机，要睁大眼睛寻找。

第七章

根据性格

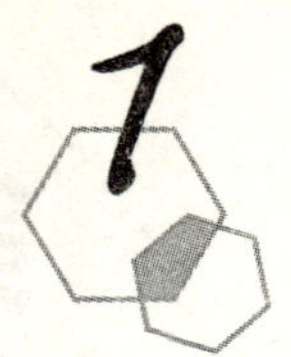

安 静 型

一位性格专家说："安静型性格的人，善于思考，办事稳重，最适合的职业是科学研究、公务员、理财、教育、人力资源管理、谈判、医务工作、编辑、书画创作、古玩鉴定等职业。"

专家的话其实很有道理，安静型性格的人脾气较好，很理性，很有爱心，亲和力强，不容易感情用事，不仅能坐的住，而且还有韧劲，这是具有该性格人的共同优点，一定要把这个优点充分运用到职业规划上去，才能展现出个人优势并实现人生价值。

一位做人事工作的资深专家说："好单位里不一定有适合你的好工作；'坏'单位里不一定没有适合你的好工作。创业亦是如此。"

现实生活中，很多人没有发挥自身的性格优势，对性格一无所知，好不容易挤进了好单位，却选择了根本不适合自己的职业（创业），空有壮志，自身的能力只发挥了10%，整天夹着尾巴做人，很不开心，终日郁闷，浪费了宝贵的时间。有人扬长避短，根据性格优势，理性选择职业（创业），这样就容易获得成就感。

例如：小白属于安静型性格的人，大学毕业后，家人一定要他考公务员，他没有辜负家人的期望，进入一个令人羡慕的单位，从事接待工作。3年下来，每天热热闹闹的饭局使他感到无法适应，他感到非常痛苦，被迫辞职。辞职后，他根据图书市场的发展，创建了自己的出版公司，精心选题、编辑、发行、宣传，干得十分认真、快乐，先后做了5本畅销书，发行量超过50万册，效益十分可观。现在他并不后悔辞职的决定，多次对家人说，如果还在单位负责接待工作，只能是肚子越来越大，血压越来越高，思想越来越空，逢场作戏，越来越麻痹，不会有什么作为。

安静型性格的人如果能打破传统的思维观念，在规划职业时眼界放得宽一些，抛弃世俗的观念，排除面子和荣誉的干扰，以快乐为前提，以人生大事为根本，干适合自己的职业，选择适合自己创业的项目去创业，才是最明智的决定。很多本来能成功的人，因为被世俗、传统所困，为了面子去选择职业，失去了一次又一次的发展、创业、成功的机会，很可悲。

职业规划专家提示

安静型性格是上天赐予你的优点，只有把它发挥到极致，才能达到如虎添翼的效果。

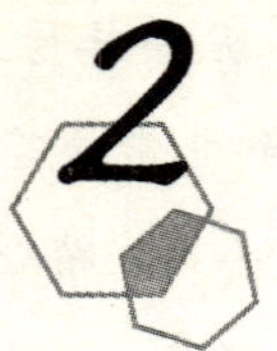

活 泼 型

莎士比亚曾经说："活泼型性格的人，总能给人带来欢笑、灵感和快乐，与他们在一起，没有忧愁、烦恼……"

活泼型性格的人感染力强，笑口常开，情感丰富，常常能给人带去阳光、欢乐和意外惊喜。这种类型的人很惹人喜欢，不太善于思考，城府不怎么深，想事情比较简单，一般坐不住，善于表演，喜形于色，喜欢人多、热闹的场合，一般能与人合作得很好，团队精神强。

规划职业（创业）时，应该根据性格特点，科学选择和确定，如演员、歌手、记者、舞蹈、教师、宣传、策划、广告、影视、组织、音乐、诗歌、服务员、模特、接待，等等，选择正确了，就会如鱼得水、如虎添翼，一般能有所成就。

例如：幼师毕业的小胡性格活泼，能歌善舞，微笑天天挂在她脸上，人见人爱。毕业以后，她没有从事本专业的工作，四处托人好不容易进入了一家图书馆做管理工作。天天看着一排又一排的书籍，她不敢开口说笑。工作上人事关系紧张，她心情压抑，感到特别枯燥、乏味。图书馆合并，她借机提前下岗，自己开办了一家舞蹈培训学校，由于她的性格活泼、教学能力强、专业技术出色，深受家长和孩子的信任和喜欢。一传十，十传百，她的培训学校在当地出了名，家长纷纷带孩子前来学习，人多学校小，她又开办了分校，社会效益、经济效益双丰收。现在她的舞蹈培训学校总资产已超过了2 000万元。

活泼型性格的人容易感情用事，无论与人合伙还是自己创业，一定要选准人、看准人、用准人，防止被人算计、欺骗；遇到事情不要轻易下结论，注意保持理性，学会观察情况，找出本质的东西来，千万不能慌张，更不能感情用事；要注意学习，特别要学习古人的处事之道，多读一读《曾国藩家书》《论语》《庄子》《道德经》《孟子》《中庸》《孙子兵法》《三十六计》等，领会其中的道理，学会做人，内敛一些，张弛有度，不断磨炼自己的意志；要学会换位思考，学会站在他人的角度考虑问题，善解人意；要管住自己的嘴，不要不顾他人感受，想什么就说什么，以免得罪人，遭到他人算计。

职业规划专家提示

活泼型性格容易给人带来机会，要抓住任何机会，持之以恒地坚持下去，成功的日子就会不远了。

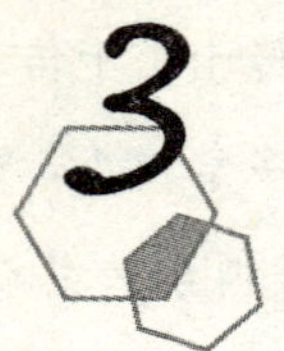

情 绪 型

一位著名的心理学专家说："情绪型性格的人，变化无常，好的时候如天仙般温柔，坏的时候如火药桶，定力差，很难琢磨。"

有人形容情绪型性格的人如同猴子的脸，说变就变，无法把握。与人好起来，让人接受不了；与人闹起来，恨不得杀人。这样的人既有可爱的一面，又有可恨的一面。

情绪型性格的人讲江湖义气、胆子大、好逞能、爱冲动、敢决断，遇到事情不冷静，不善于分析问题，容易被别人利用。比较适合的职业（创业）是管理、监督、组织、开发、运输、矿山开采、销售、建筑、装修、娱乐、旅游、探险、汽车维修、保险等行业。这种性格的人平时应该加强学习，提高修养，保持一颗平静的心。规划职业（创业）时，应该扬长避短，全面考虑，万万不能为所欲为，由着性子来，以免酿成大祸。

如果担任"一把手"，遇到问题需要拍板时，要虚心听取身边人的建议，不能脑袋发热，不计后果，乱拍板。特别是在自己快要发火时，更要冷静下来。

情绪型性格的人有气魄，不宜独自创业，最好与几个稳重型、思考型的人合伙创业，说俗了就是身边要有几个老谋深算的"军师"，一旦创业的机会出现，一般是不会错过的。

例如：王先生从小脾气就不好，属于典型的情绪型性格，发起火来，敢把房子点着。20年前，当地一座荒山发现了煤炭，村子里的人谁也不敢承包开采，担心赔本。他脑子一热，拍着胸脯承包了。承包后，他找来几个善于思考、有经营能力的初中同学当助手，创建了煤炭公司。由于他工作作风泼辣，管理能力强，身边又有几位稳重的老同学帮衬，煤炭公司发展十分顺利。一年冬天，公司订单加倍，为了赚钱，王先生不顾煤矿产能限制，决定冒险开采，被几位同学坚决制止，防止了重大事故的发生。20年来，公司稳步发展，接连开办了焦化厂、运输公司和销售公司，生产安全无事故，成为了当地的纳税大户。

情绪型性格的人要认真看清自己的性格特点，全面了解自己的优缺点，遇到矛盾和问题时，要学会控制情绪，多问几个为什么？不要急于表态，更不能乱逞能。如果感到无法控制自己的思维，可以先放一放，等情绪平复、头脑清醒以后再做决断。

职业规划专家提示

情绪型性格的人要特别注意提高警惕性，不要被“诱饵”冲昏了头脑，要清楚的认清自己。

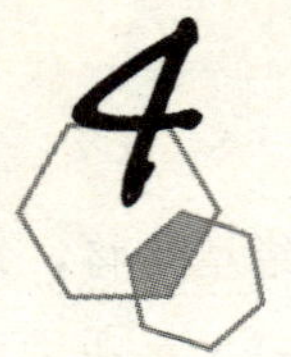

抑郁型

心理学专家说："抑郁型性格的人，多愁善感，心事沉重，不怎么合群，喜欢安静，喜欢独自思考，抗失败的能力差……"

如果你的性格属于抑郁类型的，要认清自己的问题，尽可能摆脱心理压力，使自己勇敢起来，轻松地面对一切。抑郁型性格的人比较适合的职业（创业）方向有研究、计算机、档案管理、书店、设计、旅游、音乐、茶艺、编辑、农业、果木栽培、花卉养殖、文字处理、收藏、鉴定等行业。

抑郁型的人不适宜担任"一把手"，一是遇到重大问题，容易优柔寡断，错失良机；二是不善于管人，容易对部下失去控制；三是一旦受到挫折、沉重打击，容易想不开；四是由于操心太多，心情压抑，容易早衰、生病，严重危害身体健康。如果单独创业，最好与有能力的人合作，选择一个有魄力的人当家，自己屈尊"二掌柜"，发展起来更容易一些。

例如：大学毕业的小张由于性格属于抑郁型，不爱说话，不善于表达，很自卑、很苦闷。求职时她四处碰壁，十分灰心，最后决心自己创业。一天，她去看书展，发现有很多书在打折，她立刻做了调查研究，发现她家所在小区方圆5公里之内没有一家书店，附近又有学校、机关、公司、医院、幼儿园等上百家机构，读书氛围浓厚，于是决定开办一家书店。由于自己不善交流，她主动邀请能说会道、有自信的大学同学一起经营书店，各占50%的股份。她请同学担任执行经理，她负责“守家”工作。这位同学确实有能力，外出与出版社谈进书、与发行商谈价格、与外商谈引进书、与学校谈教辅、与音像公司谈光盘销售，结合重大节日，举办公益性读书讲座，15 年时间，她们的书店开办了 7 家分店，年销售额 2 000 多万元。小张在同学的感染下，性格也变得开朗了很多，脸上总能流露出幸福的微笑，“嘴皮子”也练出来了。

抑郁型性格的人要主动改变自己，大胆接近人群，多与可信之人合作，达到性格互补的目的。

一般情况下，合作伙伴的性格最好是活泼型或安静型的，这是最佳组合。创业过程中，遇到烦恼的事，要主动与合作伙伴、同事说一说，不要压制自己，越坦荡、真诚，越能赢得人们的尊重、信任和支持。

职业规划专家提示

抑郁型性格的人要自信，要看得开，不要把自己禁锢起来，只要战胜了自己，就没有过不去的“火焰山”。

本章观点

性格决定人的一生，一定要根据自己的性格选择职业（创业），这是保证成功的重要条件。要扬长避短，最大可能地弥补自身的不足，勇敢地坚持下去，总会有成功的那一天。

第八章

根据实际

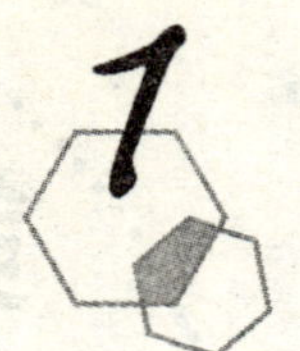

经济实际

俗话说："有多少米，做多少饭。"

如果决定自己创业，一定要从经济实际出发，不能"打肿脸充胖子"，举债创业，干自己够不着的事。有些项目不需要花钱，有些项目需要花很多钱，精心选择创业项目很重要，这是成功的开始。创业起步阶段，应该选择不需要投资，或投资较少的项目干，这样可以规避风险，一旦遇到麻烦，也可以"船小好掉头"，不至于陷入死地。另外，最好不要贷款或借钱创业，这样风险很大，一是给自己很大压力，整日提心吊胆，高度紧张，严重危害身体健康；二是遇到危机后，容易大伤元气，不好恢复。

例如：20年前，初中毕业的兰花进城在一家餐厅打工，老板故意拖欠工资，她受了很多窝囊气。倔强的兰花不能忍受这样的境遇，身无分文地离开了餐厅。她在火车站看见几个外国人买草鞋，顿时受到了启发，她家乡有很多不花钱的材料，她决定在草鞋编织上进行创业。步行10公里走回家后，她找来麦秸，连夜编织了20双草鞋，第二天就拿到城里的旅游景点销售，10元一双，半天就卖完了。初尝甜头以后，她开办了草鞋编织厂，招集了20名赋闲的农村妇女，每天生产500双。第二年，编织厂的规模扩大了10倍，工人超过了200名，她厂里生产的草鞋在交易会上大受欢迎，出口很多国家，一年仅外汇收入就超过了300万元。

兰花的创业经历证明，创业不一定花钱投资，只要选准好项目，迎合人们的消费需求，前景会无限广阔。现实生活中，不花钱或少花钱的项目有很多，比如编织业、代理业、律师业、旅游业、教育业、中医诊所、保健按摩、中介、加工业、咨询业，等等，都是好的创业项目。

例如：31岁的张先生下岗以后，不甘心在家吃闲饭，想“二次创业”，没有存款、没有人借钱给他，怎么办？他认真思考，终于想到了符合自己经济实际的创业之路——收藏河石。他成立了石头文化公司，白天背着背囊去河滩认真寻找奇石。经过8年时间，他找到了2 000多块价值不菲的奇石，资产达到了800多万元。

职业规划专家提示

根据自己的经济实际创业最重要，可以把风险和损失降到最低，很容易实现效益的最大化，成功的满足感最强烈。

心理承受能力

心理学专家说："心态决定一切，一个人能否成功，往往决定于他的心理承受能力，承受能力大的人，成功的希望就大；承受能力小的人，成功的希望就小，甚至会输得很惨。"

成熟创业者的共同特点是都具备良好的心理承受能力和积极、向上的心态。创业活动中，情况复杂、激烈，常常带有较大的风险性和不确定性，自始至终都离不开心理活动，心理承受能力的好坏直接关系到所干事业的最后结果与目的的实现。如果创业者在关键的问题上犹豫不决，自乱阵脚，就可能丧失发展机会，甚至会葬送自己的大好前程。

例如：10年前，两个年轻人同时看好养殖业，张某与王某各自投资20万元办起了野鸡养殖场。正当野鸡养殖场发展的时候，突然的一场鸡瘟让二人血本无归。张某心理承受能力差，精神恍惚，得了一场大病，失去了斗志，几乎成了废人。王某意志坚定，没有灰心丧气，重整旗鼓，找来畜牧专家帮助指导饲养野鸡。第二年就见了成效，现在他的野鸡数量超过3万只，一只野鸡市场价格200元，每年的销售额超过400万元，供不应求。

在创业过程中，虽然看不到创业者的心理活动过程，但是它确实是存在着的，并且时时刻刻都发挥着作用。因此，每位创业者均不能忽视它的存在和特殊的作用，不断学习，敢于磨炼自己，把握住以下几个问题。一要具备稳定性，较好的心理稳定性是创业者成功的关键。遇到风险不惧怕，遇到大的利益不去贪，遇到挫折不灰心。要知道心理稳定性是要经过反复磨炼才能换来的，而不是靠一时的“发挥”得到的。二要具备适应性，创业中涉及的事情很多，随时要与各色各样的人和事打交道，心理适应能力一定要强。有时你不喜欢这样，可是对方偏偏就要这样，所以一定要学会“适应”，否则将会被淘汰。三要具备忍耐性，一个不会忍耐的创业者是不会有好的效果的，要记住“小不忍，则乱大谋”的古训。四要具备对抗性，创业过程中涉及的领域非常多，情况也比较复杂，要求每一位创业者应该广学知事，做到胸有成竹，思维敏捷，善于分析与决策，这样才能遇事不惧，应变自如，始终掌握创业过程中的主动权，永远立于不败之地。

职业规划专家提示

丰富的心理活动是人的天性，应该深入了解人性的本质，掌握人的心理特点，为顺利创业奠定基础。

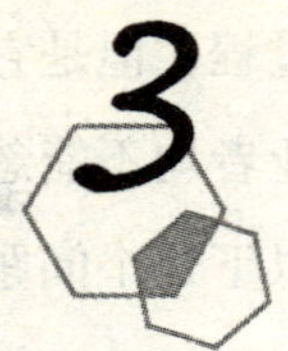

3 身体能力

伟人说："身体是革命的本钱，有了好身体，才能干好工作；有了好身体，才能实现更多的梦想……"

聪明的人在选择职业（创业）时，一定能根据自身的身体能力，找到最适合的事情做。在任何情况下，人都应该保持理智，一定要有自知之明。认为自己什么都能干得了，心比天高，只能使自己摔得很惨，切合实际最重要。如果身体很健康，又不怕吃苦，可以选择冒险性的职业（创业）；如果身体健康状况不好，就不要勉强，扬长避短，发挥自身特有的优势很重要。

例如：23岁的王先生因为一次意外车祸无法站立了，他悲痛欲绝，几次想自杀。一天，他看了小说《钢铁是怎样炼成的》，受到极大的鼓舞，决心努力实现自己的人生价值。根据自身的身体条件，他选择了修理钟表的职业。他一边努力学习修表技术，一边利用自家的房子开办了维修店。30年过去了，在维修各式各样的钟表的过程中，他对老钟表、怀表产生了感情，不仅自学了古今中外钟表、怀表的知识，而且渐渐对各种表的价格、艺术价值、拍卖市场行情了如指掌。在维修过程中，只要看到中意的老钟表、怀表，他就主动提出收购，多年来一共收集了1 000多件老式钟表、怀表和闹表，它们既有艺术价值、文化价值，还有不菲的经济价值。经过多方努力，他建立起了老钟表、怀表展览室，许多大收藏家主动找上门收购他的藏品。现在他收藏的古钟表、怀表总价值超过了 1 亿元，令人刮目相看。

谁都有向上的心，谁都有成功的梦，这个事例清楚地告诉人们，成功不一定是身体健康人的专利，也没有固定的规律可循，只要定位准确，任何人都有机会。俗话说："天道酬勤。"其实，一个人只要内心不放弃、不服输、不鲁莽，客观地选择职业（创业），总能实现人生价值。

另外，要把握住一个根本的问题，无论身体健康情况如何，创业者要想有所作为，学习必要的创业知识是必须的，如认真学习业务知识、管理知识和市场知识，一定要学精、学透、学出独特的见解，最忌讳"一瓶子不满，半瓶子晃荡"。

创业离不开身体，身体是基础，这是根本中的根本。千万不能为了职业（创业），为了追求金钱，而以伤害身体健康为代价，这是本末倒置的愚蠢行为。

职业规划专家提示

身体健康是人恒久追求的大事，无论什么职业（创业），只要危及身体健康，就要舍弃，只有明白取舍之道，才是最明智的。

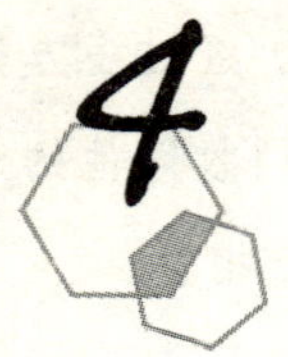

知识能力

大发明家爱迪生说："知识能改变生活、改变世界、改变周围的一切，会让生活越来越美好……"

知识能力是选择职业（创业）最具有权威的参考标准，没有知识作保证，是很难把事业干好、干出业绩、干持久的。

人从出生开始不久，就开始知识的学习与积累，小学、中学、大学、研究生、博士，直到能独自立事。每个人所学知识不同，各自有各自的特长。如果能把所学知识运用到极致，会有事半功倍的效果。可惜，现在很多人学完知识不用，把十多年的知识储备抛掉，选择了不是自己专业的职业（创业），出现了事倍功半的结果，离成功越来越远，非常可惜。

例如：小马和小赵都学考古专业，4年的专业知识学习，两人都有了一定的考古、玉器鉴定、瓷器鉴定、陶器鉴定、印章鉴定、古代文字鉴定能力。毕业以后，小马认为考古专业来钱慢，工作枯燥、寂寞，没有意思，放弃了本专业知识，选择了与人合伙开饭馆。3年以后，饭馆关闭了，他还赔了几万元，天天躲避追债人。

小赵认为靠专业吃饭最稳妥，开办了典当行，利用所学专业知识，凭着自己的好眼力，成功“档收”了很多玉器、瓷器、陶器、文房四宝、古代家具和古典书籍，很多“绝档”物品给他的公司带来了巨大的经济效益。现在小赵的典当行在业内知名度很高，他还准备在其他城市开设分店。

根据知识选择职业（创业）是明智的，一定要耐得住各种诱惑，忍受住寂寞，坚决去浮躁之心，千万不要着急，更不要有速胜的思想，这是成功的大忌。

俗话说：“好酒不怕巷子深。”只要你积累了深厚的知识基础，特别是具备了专业技术知识，而且有自己的专业特点，就不怕没有用武之地。不要总是抱怨社会不公平，要学会用辨证的眼光看问题，眼前是冷门专业，将来可能就是热门专业。

提高知识能力的办法有很多，一是广学博览，吸取百家之长，最后要聚焦于一个知识点上，这样才能精深。二是持之以恒，不断地学习，眼光放远一些，不要半途而废。三是结合实际，充分利用。知识再多，如果放着不用，也是没有任何价值的。一定要在实践中完善知识体系，全面提高综合能力。

职业规划专家提示

知识能力大小直接关系到职业（创业）成功的结果，要利用一切可以利用的机会储备知识，恰到好处地将知识发挥到极致。

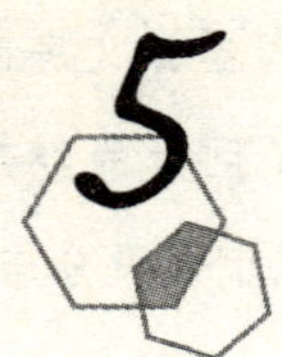

家庭实际

常言说：“家庭是幸福的港湾，失去了家庭的幸福，一切都显得那么苍茫无力。”

规划职业（创业）时，如果仅仅考虑自己的需求，不考虑家庭的需要和实际，即便成功了，也很难得到真正的喜悦和成功感，况且这样的人一般也不会成功。

任何人都离不开家庭，平时不觉得家庭与亲人的宝贵，一旦失去了，才知道失去的痛苦、无奈和悔恨，金钱与家庭、亲人相比真是一文不值。聪明的人懂得这个道理，在规划职业（创业）时，能很好地兼顾这个既矛盾又统一的问题，事业与家庭两不误，才能轻装上阵，实现完美人生。

例如：12 年前，小刘和小周大学毕业了，两人的妈妈身体都不好，患有高血压，妈妈特别希望孩子留在身边工作（创业）。小周家庭、亲人意识淡薄，执意要去南方发展他妈妈经常牵挂他，导致高血压病情加剧。5 年后，小周事业取得了成功，公司资产超过了 3 000 万元。可是一天夜里，他妈妈去卫生间，不小心摔倒，犯脑溢血，抢救无效死亡。噩耗使他突然醒悟，后悔当初自己为了钱财，离开了亲爱的妈妈，犯下了无法弥补的错误。

小刘是很孝顺的孩子，按照妈妈的意见，决定在本地创业，这样既能照顾妈妈，又不耽误公司的发展。几年下来，公司业务稳定发展，资产也超过了 1 000 万元。他的资产虽然不如小周的多，但是他晚饭时能经常陪妈妈说说话，节假日陪妈妈去公园散散步，看看奥运公园，去国家大剧院听戏，幸福感、成功感就更强。

人要明白一个道理，欲望无止境，钱是永远也赚不完的，如果只为了赚钱，忽视了人世间最重要的家庭和亲人，是多么可悲呀。要设法把自己的欲望降低一些，不能过于膨胀，适度才是最好的。规划职业（创业）时，应该认真思考家庭的实际，如老人的赡养问题、老人的精神安慰问题、与爱人之间的情感问题、孩子的教育与管理问题、家庭经济实力问题、住房问题等，不要只顾自己闯荡，全面考虑才是最好的方法。

有些人很固执，执迷不悟，经常打着创业赚钱也是为了家庭好的旗号，几乎到了疯狂的地步，背离了家庭与亲人，最终的结果是众叛亲离，下场很凄惨。

职业规划专家提示

职业（创业）规划时，应该把家庭与亲人的因素重点考虑进来，离开家庭与亲人的创业是失败的创业。

6 管理能力

世界500强的一位总裁在一所著名大学的讲话中说："管理能力是检验一个人能否担当重要岗位的重要标准，是保证企业（创业）发展的关键……"

人与人的管理能力是不同的，可以说有本质区别。有的人管理能力差，管好自己没有问题，一旦去管人、管物、管钱就头晕了，无所适从；有的人管几个人、几十个人还可以，有几万、几十万、几百万元资产还能控制，一旦员工超过数百人，资产过千万、亿万元，就糊涂了，无法控制了，败得一塌糊涂。对于这一点，我们要有清醒的认识，不要犯前人的错误。

例如：高职毕业的小胡利用所学烹饪知识，开办了一家特色酒楼。酒楼的规模不大，总共30个人，10个包间，年纯收入10万元。一个朋友鼓动他扩大酒楼规模，开办连锁店。他脑子一热，就开办了几个分店，雇佣员工超过500人，管理失控，饭菜质量、服务质量、卫生质量严重下降，资金无法周转，酒楼经营陷入被动，最后他被迫关闭酒楼。他后悔地说："看来没有金刚钻，真不能揽瓷器活啊。有多大管理能力，干多大的事。"

再如：某公司的总工程师张某专业技术突出，董事会决定让他担任总经理，不知道深浅的他走马上任。3年下来，复杂的管理使他焦头烂额，患上了血压高、糖尿病、失眠症、抑郁症。一天下午，因为与部下争论，他突发脑溢血，成了植物人。如果他不担任总经理，不负责管理工作，继续做技术，就不至于发生意外。

由此可见，选择职业（创业）时要认真考虑，要有严肃的态度，要有自知之明，适可而止，能干则干，不能干就要主动放弃，放弃是为了更好地发挥自己的特长和能力，千万不要贪多求大，盲目定位，以免给自己造成被动。

一个人如果具备了超强的管理能力，干事业时才能如虎添翼，顺利实现预定的目标。所以，有远大志向的人、敢于表现的人，无论是在机关，还是自己创业，都要刻苦学习管理知识，认真研究目标管理、能级管理、整分合管理、委托式管理、集中管理、效率管理和随机管理，特别要认真研究对人的管理，把人文关怀融入其中，大胆引进外国先进管理理论，努力掌握现代管理艺术，为实现人生价值最大化奠定基础。

职业规划专家提示

规划职业（创业）时，认真考虑管理能力非常必要，不要凭想当然办事，要理性对待职业（创业）问题。

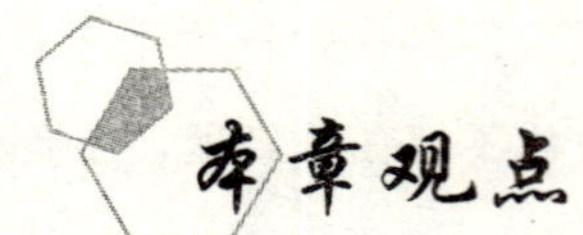

本章观点

选择职业（创业）时，一定要根据自己的实际情况，能当一个“团”的家，坚决不当一个“师”的家，既不能好高骛远，也不能缩手缩脚，不要轻信他人鼓惑，究竟能吃几碗饭只有自己最清楚。

第九章

根据国际形势

成功——规划好职业

经 济

世界著名的经济学家说："当今的经济已经是全世界共同的经济了，早已不是哪一个国家的经济了，任何一个环节出了问题，可能就会导致全球经济问题的连锁效应……"

经济具有两面性，增长和危机都存在着好与坏，利用得好，就会出现很多发展机会；利用得不好，就可能会让人倾家荡产，身败名裂。现在是全球经济"一体化"的时代，一个国家的经济好与坏直接影响其他国家的经济发展水平。经济的剧烈变化，汇率的变化，黄金价格的变化，股市大盘指数的变化，期货市场的变化，都蕴藏着很多"陷阱"与发展机遇。创业者应该具备经济头脑，充分利用好经济杠杆，实现理想的职业（创业）目标。

另外，还要明白一个道理，经济是社会发展的根本，涉及社会的各个领域，无论哪个领域出了问题，都可能会引发大规模的经济震荡，会坑害一批人，也会拯救一些人。

例如：10 年前，白小姐在单位与同事产生摩擦，一赌气辞职了。而后，她选择了在家自由创业。她利用一台计算机，分析黄金走势。一天，她在网上看到一则消息，美国次贷存在巨大隐患，意识到美国可能会出现大的经济

（金融）危机。她自己画出黄金走势图，并预测黄金要突破 1 200 美元一盎司，于是果断地在 700 多美元一盎司的价格时逐步买入建仓。十几年时间，美国的经济危机日渐显现，黄金价格一路走高，她分步清仓，获利 800 多万元。现在白小姐足不出户，悠闲地在自家客厅里喝咖啡、品茶、走步健身。她专职在家理财的年收益超过外企白领工资的 20 多倍。

现实社会里，职业（创业）不是传统模式的，选择范围也很广泛，形式多种多样，不一定选择机关、事业单位、公司经营等，在家从事自由职业也是一种创业，也能实现人生价值。

根据经济变化情况，选择职业（创业）一定要有能力极高的预测水平，善于在蛛丝马迹中发现经济的走势和变化，判断出会受到影响的领域，有经济机会的领域，要提早准备，果断出手，才能保证万无一失。

有些职业眼前是经济热门，几年以后，可能是经济冷门，要有充分的考虑，不要追热跟风；要有独特的见解，不被眼前的经济情况所诱惑，按照客观经济规律选择职业（创业）才是明智的。

职业规划专家提示

经济问题是当今世界最棘手的问题，要本着实事求是的态度，全面考察，找到规律，再图发展。

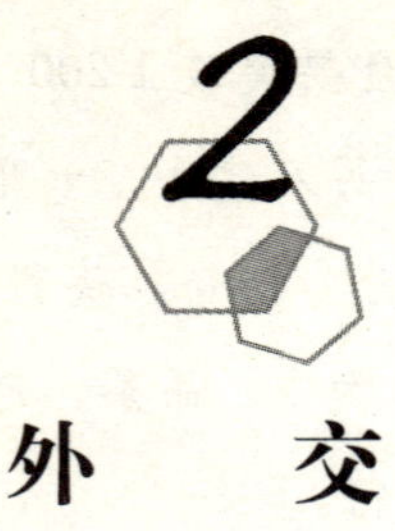

外 交

国外有一位著名的总统说："积极的外交可以改变力量对比，可以使自己的力量更强大，可以使盟友更加团结，可以增进两国人民的友谊……"

国家的外交政策是选择职业（创业）时要考虑的因素，外交事业发展态势好，国家与国家之间就会有很多互惠互利的政策，人员交流机会就会增多，贸易往来频繁，科学、文化、卫生、教育、服装、农产品、饮食、旅游、建筑、电信、影视、水利、电力、汽车、体育、日用品、民间艺术、传统医药等投资和发展领域的机会就会增大，出现千载难逢的好机会时，要稳、准、狠地抓住，不能错失良机。

例如：改革开放初期，学中医的小夏，没有找到合适的工作，非常郁闷地待在家里，天天跟着收音机学英语。一天，他在电视上看到中美领导人互访，发表了很多友好公告。立刻感到机会来了。他办理了去美国的手续，只身前往异国他乡，开办了中医诊所，利用小小的银针，解除了很多病人的痛苦，得到了当地人们的信任。20 多年过去，小夏成了当地著名的中医，买了别墅、轿车，收了 60 多名弟子，在 6 个州开办了分诊所，既弘扬了祖国中医文化，又得到了巨大的经济效益。

又如：20世纪80年代，我国与南美洲的一个国家交往密切，国家鼓励有实力的企业家去投资发展。张先生认为创业的时机到了，放弃了国内待遇良好的工作，利用自己熟悉当地语言的特点，建立了旅游文化交流公司，既负责国内的考察团、访问团和旅游团的接待工作，也负责把外方考察人员全程送到国内考察，负责留学生和投资移民的办理，顺便还做日用品贸易。30年的时间，他的公司资产超过了20亿美元，在北京、上海、广州都设立了办事处，既为两国外交发展架起了桥梁，又实现了很好的经济效益。

根据外交事业发展情况确定职业（创业），需要有良好的素质，具备一定的能力。一是要有语言能力，精通外国语言，能熟练交流，这是发展的前提和保证。二是要有渊博的知识，全面了解国外的文化特点、生活方式、消费习惯、忌讳的问题、性格特点等。三是要掌握相关的法律法规，自觉遵循，不能违法乱纪。四是要注意信息的收集与积累，善于发现有价值的信息。

职业规划专家提示

根据外交情况发展事业（创业）是大有前途的，国外的机会非常多，如果把握得好，会让你有意想不到的效果。

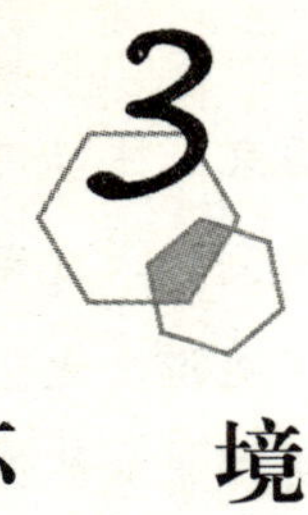

环　境

一位环境专家说："环境问题是关乎人类生存、发展、安全的大问题，不是一个国家、一个地区的问题……"

现在地球的环境已经到了"红色警报"的时代，火力发电厂、汽车、炼钢铁的二氧化碳排放量逐年增大，导致地球温室效应发生，冰川融化，海平面上升；南极臭氧层空洞的无限扩大，将会把地球完全暴露在宇宙射线中，并使人们得疾病的可能性增大；石油泄漏造成的海洋、陆地污染，会导致生物物种提早灭绝；核物质的污染，农药、化肥、抗生素的滥用，可能导致生物链的断裂……环境问题是摆在世界所有人面前共同的大问题，人们都要为保护环境出力，做贡献。

现在很多发达国家很重视环境问题，严格控制碳排放标准，严格措施，制定法律法规，关闭达不到环境标准的企业，或者将其转移到不发达国家生产。政府鼓励企业家"绿色"创业，走科技创新之路，号召人们使用电力、太阳能、风能、水能、海洋能、生物能和天然气，不使用或少使用煤炭、石油，人们在日常生活中，基本普及了微波炉、电磁炉、太阳能，这就给规划职业（创业）者提供了发展的平台。

例如：理工大学毕业的小马按照妈妈的建议，考上了公务员，干了一年，每天给领导打开水、倒茶、送报纸，学习文件、开会、写心得体会、抄抄写写、接电话、值班，做一些初中生都能干的活，他很郁闷。一次，因为一点小误会，他被领导无端指责，感到很委屈，就决定辞职。回家以后，他恰好看到国际上正在召开一个关于环境问题的会议，萌发了开发环保产品的想法。他设计了很多环保产品，向国外一家企业说明了其设计想法，引起了对方的兴趣。对方为他办理了出国手续，委任其专门研究环保产品。20 多年时间，他设计出 80 多种环保产品，涉及百姓日常生活用品、医疗器材、风能利用、太阳能利用、生物能利用和航空航天环保产品，产品行销 80 多个国家，为公司带来了数百亿美元的利润。小马也得到了丰厚的回报，持有公司股票，市值超过 2 亿美元。

环境问题是当今最热门的话题，如果能审时度势，围绕环保领域选择职业（创业），不仅具有光明的前景，还有巨大的成就感，因为你为保护人类、保护地球作出了贡献。

职业规划专家提示

在环境领域发展，不仅需要专业知识，而且需要对自然知识的全面了解，要耐得住寂寞，要求真务实，要有奉献精神。

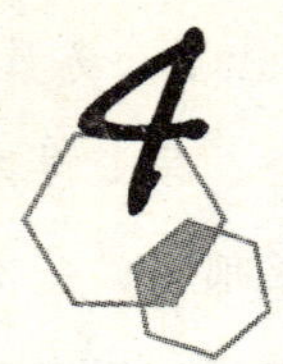

文化、卫生、教育、艺术、体育

联合国的一位官员说："文化、卫生、教育、艺术、体育使世界各国人民的互相了解日益加深，交流是潮流，谁也无法阻挡。"

随着社会的进步，航空、铁路、轮船交通的逐渐发达，一夜之间就可以从西半球到达东半球，人们更加向往外面的世界，迫切想更多地了解世界各个国家的文化、卫生、教育、艺术、体育等情况，这就为职业（创业）提供了很好的舞台。

奥运会的召开，使世界各国聚集在一起，高级别的体育比赛，促进了人与人之间的了解和交往，把世界各国的距离拉近了；世博会的举办，让全世界各国紧紧相连，促进了世界的繁荣发展；疫情的爆发，让世界人民紧密团结在一起，共同应对灾难；不同的文化、艺术、音乐、作品、绘画，让人们感受到了不同地域、不同种族的艺术魅力；共同的教育给更多的人提供了学习、深造、研究、探索和交流的机会；一部电影能感动全世界所有的人，一首歌曲能震撼人们的心灵；一场赛车、一次登山活动，使人们了解极限运动；一次世界杯、篮球赛，不仅给人们带来快乐，还可以带动很多产业的发展。总之，世界是大同的世界，你中有我，我中有你，谁也离不开谁。

例如：爱好绘画的小赵很关注国际事务，关注世界艺术品市场动态。一天，他看一则消息，国外的几次大拍卖会对中国的水墨画、版画、书法、篆刻、印章很感兴趣，就决心在这个领域干点事。他立刻查阅资料，了解到外国来我国的旅游人数呈逐年上升的趋势，而且有文化素养的人很多。于是，他开办了书画、篆刻艺术研究院，在各个旅游区设立门店，精心制作有代表性的艺术品，还独创了现场篆刻、临摹碑帖的业务，与数百家旅行社签订了参观合同。20多年的时间，他的业务量十分惊人，资产超过了1.3亿元。他的创业项目既传播了中国文化，又获得了高回报。

文化、卫生、教育、艺术、体育是人们交流的主题，是人类共同的财产，是永远也不会消失的人类瑰宝。如果你有意在这方面发展，就要潜心研究世界，最好成为某个领域的专家，就容易发现机会。平时要关注国际动态，关心世界大事，特别要系统地研究文化、卫生、教育、艺术、体育等问题，做好充足的知识储备、经济储备和心理准备，一旦时机成熟，迅速行动。

职业规划专家提示

在世界范围内，文化、卫生、教育、艺术、体育领域的机会是无限的，只要你是有心人，就能有用武之地。

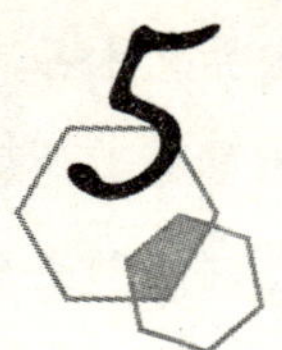

资　源

达尔文说："进化是地球上物种多样化的根源和动力，地球上的资源是保证进化的条件……"

地球资源虽然很多，但是分布不均匀，有的国家资源丰富，品种数量多，加工能力强，鼓励出口；有的国家资源贫瘠，完全依赖外部资源输入，这是地理因素造成的。

为了人类生存和经济社会的发展，国家与国家之间、地区与地区之间需要互通有无，需要资源互补，需要了解资源信息，需要运输，需要加工，需要贸易交流，需要建立一个平台，这都是选择职业（创业）的机会。

随着社会的高速发展，国家对资源的需求会越来越大，特别是对稀有资源的需求会更大，如稀有矿石、贵金属、优质木材、珍贵药材、优质海洋产品、优质食品、珍稀动物，等等。

一些地方资源相对较多，价格便宜，加工能力差；而有些地方急需要这种资源，加工能力强，如果你能准确掌握信息，及早开发、利用，一定能有大的作为。

一些内陆地区海洋资源奇缺，如果你能在这一点做文章，应该有收获。一些地方有珍稀动物、植物、草药，如果你有眼光，敢于引进、开发，结果一定不会令你失望。

例如：14 年前，张先生根据我国木材市场供应吃紧的现状，判断优质木材、装修材料会大幅度涨价。他自费到国外考察优质木材，最终选择了东南亚的一个森林国家开发优质木材，成立了收购公司、加工公司和运输公司。10 多年的时间，他从国外进口的优质木材、建筑木材、装修木材，弥补了国内市场的缺口，深受人们的欢迎。他的公司逐渐发展壮大，现在在国外已经有了几处林场，木材远销全世界 30 多个国家。

资源问题是人类发展的大问题，将来资源也必定是竞争最激烈的领域。要有资源意识，放眼世界，力争掌握全世界各个角落资源的分布情况，特别应该掌握资源储备情况，各个国家关于资源开采、运输、加工、出口的法律政策和税收政策，科学预测各种资源的需求、价格、数量、运输成本、加工成本和销售成本，提前做好准备，以便取得主动权。

职业规划专家提示

如果决定在资源上做文章，就要潜心学习，不仅要精通国际贸易政策，还要掌握各个国家和地区的资源特点，做到心中有数。

本章观点

凡做大事者，一定要目光长远，胸怀五大洲，时时刻刻关心国际形势的变化，掌握国际间交往的规则，熟知国际法、贸易法和关税制度，这是能否成功的关键。

第十章

根据知识结构

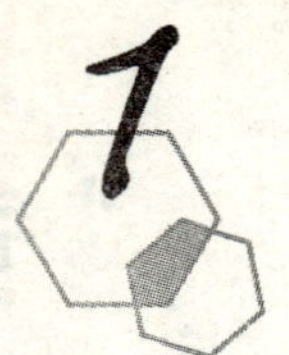

专业知识

世界零售业销售大王曾经说："无论做什么，专业知识是保证事业（创业）成功的基础，谁也不能丢下这一个课，早晚要补上。"

专业知识是选择职业（创业）的最重要的参考依据，很多人上了四年大学、读了几年研究生，最后选择了非专业职业（创业），干得非常辛苦，回过头来还得干专业，绕了很多弯路，大好的时光浪费了，再次起跑已经比别人晚了。

根据专业选择职业（创业）有很多好处：一是节约时间，进入情况快，干起来得心应手；二是起点高，容易集中精力干下去；三是优势明显，在竞争中取得成功的几率大；四是容易保持理性，不易被人欺骗。

俗话说："一招鲜，吃遍天。""学好数理化，走遍天下。"随着社会分工越来越细，专业会分得很细，无法用精确的数字确定下来，只要学校里设有这样的专业，就一定会有社会需求。

例如：20 年前学畜牧专业的小林毕业以后，看着同学们放弃专业去南方发展，并没有动心，而是进入了一家畜牧研究所从事畜牧研究。后来，因为体制改革，研究所变为企业，他独自创立了畜牧公司，引进了国外优良品种的鸵鸟、火鸡、长毛兔、鹌鹑，大力发展养殖，成功率非常高，基本克服了瘟病的侵害。他主动与 12 个省（市）300 多家宾馆、酒楼、加工厂建立了销售关系，蛋、毛、肉一年的收益超过了 1 000 万元。一些当年改行去南方发展的同学由于发展不顺利，主动回到他的畜牧公司工作。

根据专业选择职业（创业）是成功的最佳途径，一定要耐得住寂寞，不断地学习新知识，特别是学习国外同类知识，把握专业的发展特点、趋势和潮流，让自己在专业领域中始终处于最高点。如果急功近利，心态浮躁，不安心干事，只是一味地吃老本，也不会有大作为。

千万不要墨守成规，要善于思考，学会创新，在原专业的基础上，加上现代元素、民族元素、文化元素、艺术元素、文学元素、建筑元素、边缘元素，创新专业，才能有所成就。

职业规划专家提示

规划职业（创业）时，依据所学专业最重要，要优先考虑，不能轻易放弃“十年寒窗”学到的专业。

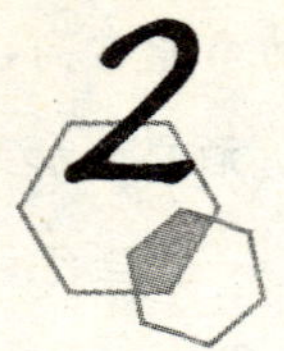

特殊知识

一位民俗艺术大师说："很多特殊知识、特殊手艺是需要发展、传承的，是人类独一无二的艺术……"

如果你具备特殊知识和特殊技能，在选择职业（创业）过程中就容易成功，而且一辈子都会受益。现实生活中，我们经常能看到一些民间艺术家，积累了一辈子的经验，吃了很多常人难以承受的苦，技能独特，他们的作品深受人们的欢迎，流芳百世。

现在人们崇尚和谐，愿意回归自然，喜欢民间艺术，喜欢真正的艺术大师的作品。如果能刻苦学习民间的特殊技能，功夫下到家，身怀绝技，一定能有机会实现人生价值。

例如：30年前，高中毕业的小张没有考上大学，心里很难过。一天，他无意中走进了一家博物馆，被微雕、核桃雕艺术品感染了。他豁然开朗，四处拜师，刻苦学习微雕、核桃雕技能。6年时间，他坐坏了6把椅子，用去了100多把刻刀，终于达到了炉火纯青的地步。而后，他开办了微雕、核桃雕艺术品文化公司，收了10多名徒弟，开始微雕、核桃雕的创作，作品的市场价格一路走高。很多外商争着出高价订购他的产品。他的公司不仅赢得了巨大的经济效益，还为传承中国民间文化作出了贡献。现在很多人都争相收藏他创作的艺术作品。

又如：22年前，自幼喜欢篆刻的小马初中毕业后，对读书失去了兴趣，拜师专门学习篆刻。他潜心研究各种印章、石头、篆字、碑文，独自骑自行车1 000多公里，去田黄石矿产地、新疆和田玉产地收集廉价石料。而后，他又独自骑自行车7天7夜，去山东曲阜和陕西西安研究碑林字体，终于掌握了篆刻、雕刻的技巧，开办了篆刻研究社。他制作的印章、纪念章、雕刻品等深受人们的喜爱，有些作品还被重大会议选中作为礼品赠送外国友人。他的资产超过了2 000万元，他也为传播中国传统文化作出了贡献。

特殊知识和特殊技能是立身、立世、立业的法宝，如果有这方面的天性，全身心地投入进去，总会有出头之日。仔细想一想，民间、民俗的艺术种类繁多，如捏泥人、雕塑、蛋壳画、内饰画、葫芦画、鼻烟壶、皮影、空竹、风筝、石板画、版画、微雕、装裱、刺绣、铜器制造、银器制造、金器制造、陶器制造、紫砂壶制造、动物骨制品，等等。只要选中一种，就有成功的机会。

职业规划专家提示

特殊知识和技能是独一无二的，要对选择的职业（创业）充满信心，创作时要把中华民族的感情融入进去，作品才会有灵气。

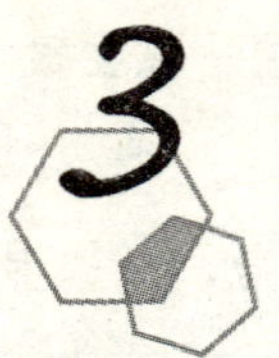

3 历史知识

达尔文曾经说：“历史不是简单的记录和陈述，是有生命力的，是会说话的，要深入进去，才能发现其中的奥妙……”

眼下，历史热持续不减，看历史题材的影视剧作品、读史书、听名人讲历史、考察历史古迹、寻找历史名人的足迹、考古挖掘、海底沉船打捞，等等，成了受到人们追捧的事，这正是规划职业（创业）的好机会。

我国的历史源远流长，各地都有独特的历史发展特点，有的地方出名人，有的地方出文人，有的地方出官员，有的地方出商人，有的地方出名医，有的地方出将帅，有的地方出科学家，有的地方出书画家，有的地方自古是兵家必争之地，有的地方是数朝古都，有的地方古代文物集中，有的地方建筑有特色，有的地方出美女，有的地方出瓷器，有的地方出奇石，有的地方出玉器，有的地方出名贵木材，有的地方有名山，有的地方有名河，有的地方是道教圣地，有的地方是佛教圣地，有的地方是儒家思想的发祥地，有的地方历史大事多，如果认真思考，不计其数。

例如：17年前，一位精明的大学生毕业后没有去机关工作，选择自己创业。他以历史故事为题材，开办了一家酒店。他四处收集以前的老照片、人物画像、服装以及旧时的菜肴制作方法，而后精心布置酒店的各个角落。他的酒店每星期还推出专场演出，借用大家都熟悉的历史故事，通过模拟故事里的人物、场景、酒菜和服装等，吸引来此地旅游的人前来体验历史人物当年吃的菜、喝的酒、听的戏。因为有特色，他的酒店生意格外好。

一位哲学家说："历史是永远也读不完的，这里面的内容多着呢，不要轻易肯定或否定，一定要谨慎研究、思考、归纳，寻找最原始的证据，客观地得出结论……"

根据历史知识选择职业（创业），需要有严谨的学风，脑子要灵活，不能一知半解，要排除各种干扰，力争把历史事件了解清楚，掌握来龙去脉。要善于借用，根据现代人的思想认识程度，把可以借题发挥的历史事件、重要人物、重要地点、重要物件、重要语言等运用到自己的事业（创业）中去，必须要尊重客观事实，不能故意歪曲历史的真实情况，这样才能得到人们的认可，才可能取得良好的效果。

职业规划专家提示

历史是永恒的话题，要尊重事实，不能哗众取宠，更不能添枝加叶，随意篡改。

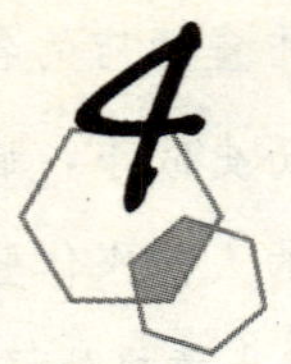

文学知识

莎士比亚说："文学能使人智慧，能使人勇敢，能使人更深刻地了解生活、热爱生活、珍惜生活……"

文学艺术是高雅的，是人们不可缺少的精神食粮。文学知识分类比较宽泛，有古代文学、近代文学、当代文学、外国文学等，很多经典的文学名著影响了一代又一代人的成长，百看不厌。

文学里的经典文章、词句、格言、人物有巨大的影响力，或给人以震撼，或给人以鼓舞，或给人以喜悦，或给人以警醒，或给人以同情，或给人以智慧，或给人以坚毅和刚强，让人们知道了光荣与耻辱、爱与恨、奉献与索取、光明与黑暗、快乐与忧愁、诚信与无耻。人们喜欢文学，是因为人们需要积极、向上、健康的精神食粮；人们崇尚文学，是因为人们的需求层次提高了，有了较高的文学素养。如果在规划职业（创业）时，能在充分运用文学知识，就应该有不错的效果。

例如：20年前，师范学校毕业的小赵因为身体原因没有进入学校工作，感到非常遗憾。一天，她无意中看到一则小说征文广告，就写了一篇投了稿，没有想到竟然获得了二等奖。她信心大增，天天泡在图书馆里阅读古今中外文学名著。3年下来，她写了200多万字的读书心得，写了很多文学评论。一家文化传媒影视公司很看好她，聘请她担任创作部主任，改编了很多优秀的历史题材电视剧本，创作了大量优秀的商业和公益广告。现在她有了自己的文化创意公司，业务涉及出版、影视剧、广告创意、话剧、音乐、文化展览等，她的一些作品在国际上的知名度非常高。

又如：我国的四大名著之一《红楼梦》被人们视为古典文学经典，影响了海内外成千上万的人。一位很有经济头脑的创业者以曹雪芹的名字为招牌，制造曹雪芹家酒。以前人们根本不知道这种酒，但是大家都知道大名鼎鼎的曹雪芹，此酒并没做多少广告宣传，但人们都想品尝曹雪芹家酒的味道，因而效益非常好。

根据文学知识选择职业（创业）是非常明智的决定，前提是要具备良好的文学修养，而良好的文学修养不是靠“恶”补能取得的。平时应该集中精力多读、多看、多写、多交流，逐渐积累，把握文学艺术的独特之处，领会其中的奥妙，能够结合实际，与时俱进，提出独到的观点，给现代人更多的启示。

职业规划专家提示

业精于勤，深厚的文学功底是靠勤奋换来的，一定要抓住大好时光，如饥似渴地阅读文学书籍，为自己的事业奠定基础。

旅游知识

我们著名的旅行家徐霞客说："只有无忧无虑地行走在山川河流中，才能忘掉一切烦恼，最深刻地体会到大自然的鬼斧神工之妙趣，才能感到活着是多么的快乐……"

旅游热持续升温，人们的兴致不减，总想能在有生之年到各地看一看，亲眼目睹名山、河流、湖泊、森林、火山、峡谷、著名的旅游城市和古镇，感受一下大自然的神奇风貌，瞻仰一下知名的人文景观。有些人还不满足单纯的旅游，喜欢探险、爬山、猎奇等。根据统计，全世界每年的旅游总人数超过50亿人次，如果在这一领域发展，一定会有很多机会。

例如：19年前，小王当了3年侦察兵退伍了。由于工作安排不理想，他闲待在家里。一天，他看报纸时读到几个学生独自进入荒山旅游，迷失了方向，3天后才被找到。他受到启发，决定利用自己在部队学到的野外生存本领，从事户外旅游工作。他四处借钱，开办了户外旅游商店，经营野外帐篷、服装、照明设备、取暖设备、绳索设备、通讯设备、食品、急救药品等，生意异常好。不久，他又开办了6家分店，招聘了200多名退伍侦察兵，举办户外旅游、野外生存、高原旅游、国外旅游、探险旅游、漂流、自助旅游、徒步旅游等专题讲座，成立了户外旅游俱乐部，定期组织户外旅游活动，年收益超过1 000万元。

想在旅游事业中干出点成绩来，并不太复杂。只要肯吃苦，有远见卓识，成功的机会还是很大的。具体地讲，应该做到以下几点：一要深入细致地学习旅游知识，了解各地的特点、有价值的活动地域，能为客人提供详细的介绍；二要掌握各种信息，熟悉路线、车辆、往返时间、票务情况、住宿情况、疫情情况、饮食情况、天气情况、环境情况、国际局势变化情况等，始终把握主动；三要掌握当地的风土人情，尊重当地的风俗习惯，避免意外事件发生；四要具备良好的协调能力，与各地的旅行社建立良好的合作关系，实现资源共享；五要清楚国外的汇率情况、旅游签证的规定，熟悉当地的法律法规，提前做好安全培训；六要有良好的服务意识，讲究诚信，以客人为主，不能有欺诈行为，制定的旅游合同要规范，不能有漏洞。

职业规划专家提示

旅游行业存在着一定的危险性，人命关天，一定要具备丰富的旅游知识和野外生存技能，把安全放在首位，马虎不得。

绿化知识

一位环境专家说："绿化能改变环境，是保护地球环境最好的手段之一，能让人们的生活变得更美好……"

风沙狂舞，遮天蔽日，洪水泛滥，空气污浊，臭氧层洞开，使人们深受其害。痛定思痛，反思过去人们肆意开采，乱挖滥伐，毁坏耕地和森林，无限制地排放废水废气，这些年人们越来越认识到过去的错误，日益关注绿化问题。

绿化不是简单的植树造林，它的范围非常广泛，包括荒山绿化、沙漠绿化、城市绿化、家庭绿化、道路绿化、会议绿化、节日绿化、体育绿化、文艺绿化、机场绿化、工厂绿化、学校绿化，等等，大有发展前景。

例如：18 年前，退伍军人小林回到农村老家。不甘心就此务农，他预测到草坪、花卉和观赏树木未来的需要量会很大，就决定从事绿化行业。他承包了荒山，建起了苗圃基地，引进国外良种花草和观赏树木，一干就是 18 年。他成立了集团公司，与全国 200 多个城市、学校、工厂、单位签订了供货协议，一些品种还出口到国外，很多城市道路两侧的草坪都是其公司的产品。集团公司每年的花草收益超过 900 万元，观赏树木收益 1 000 万元。一次，他看英超足球比赛，发现足球场地的草坪太美了，就立刻开始调研，去国外引进足球和高尔夫球场专用草。几年下来，他的基地已经成功培育出适合我国环境生长的足球场和高尔夫球场草坪，为很多足球场和高尔夫球场提供草坪，带领当地人们共同致富。

绿化事业是伟大的，是全人类共同的责任和义务，也是政府大力提倡和支持的，如果决心从事绿化事业，必须下工夫研究其中的学问，一要认真学习绿化的发展趋势，掌握不同层次、不同地区、不同单位、不同会议、不同环境对绿化的需求；二要全面了解绿化产品的品种、特点和培育、生长规律，做到心中有数；三要放眼世界，积极学习外国的绿化经验，大胆引进优质的新品种；四要积极开展绿化设计服务，能为客户提供全方位的支持，引导客户科学绿化；五要有创新，大胆改良绿化新品种，降低绿化成本，让人们用得实惠、用得放心、用得开心、用得持久，受益无穷；六要有特点，选择一或两个绿化产业点，深入发展下去，一定能见成效。

职业规划专家提示

绿化事业最符合现代社会的发展潮流，这方面的舞台很大，只要慧眼独具，就能抓住机会。

本章观点

知识是人一生中最重要的，没有知识的人是遗憾的，知识能改变生活、改变社会、改变地球、改变自我，要去掉浮躁，潜心学习，为规划职业（创业）奠定基础。

第十一章

不要轻视服务领域

成功——规划好职业

成功——规划好职

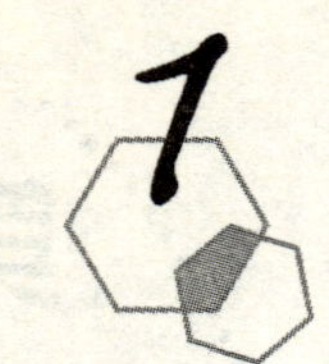

快 餐

一位长期从事快餐业的人士说："快餐在中国具有巨大的市场，这是我国国情决定的。"

快餐包括的内容有很多，有鸡蛋煎饼、盒饭、烤串、拉面、刀削面、烧饼、方便食品，等等。我国有很多人习惯早上起来就出门，在路边吃碗馄饨、买个肉夹馍、吃个煎饼、喝碗豆腐脑、吃碗拉面、吃块烤红薯、喝碗粥当早点，消费群体很大。

现在各种会议多，出差、旅游的人多，参加各种活动的人也多，人们为了节约时间，无论是早上、中午还是晚上，大部分人都会选择吃快餐，既方便又省事。

快餐行业不需要特殊的技术，也不需要很多资金，更不需要特殊的场地，普通人只要肯吃苦，办好卫生许可证、食品营业证、健康证，很快就能开业。

例如：19 岁的高中毕业生小高，不想继续复读考大学。他没有技术，没有资金，也不知道该干什么。一天早上外出，他看见一群学生围着一个煎饼摊，过去一问，原来附近只有这一个煎饼摊。他决定从事快餐业，办理了营业执照，租用一家酒楼的早市，经营刀削面、拉面、豆腐脑、油条、油饼、烧饼、馄饨、饺子、盖饭等，两年下来赚了200多万元。而后，他又租了三间店面房，办起了拉面、刀削面快餐店，开设快餐外送业务。20年过去了，他现在在全国的连锁店有100多家，年利润过千万元。

随着生活节奏的加快，快餐业会持续发展。这个行业的机会很多，只要处处留心，根据人们的口味，选择合适的快餐项目，由小做大，由大做强，很快就能见成效。

快餐店的位置很重要，要选择在学校、公司写字楼、电影院、体育场、医院、火车站、汽车站、地铁站、机场、码头、旅游景区附近，众多的人流可以确保生意兴旺。

快餐行业涉及的相关产业也很多，如一次性筷子、一次性饭盒、一次性碗、餐巾纸、一次性杯子，等等，都是创业的机会。开办快餐业务，要注意食品卫生，把住进货关、制作关和销售关。

职业规划专家提示

快餐业也需要改革，要不断地改良，照顾到各方面人群的口味，土洋结合，办出特点，才有出路。

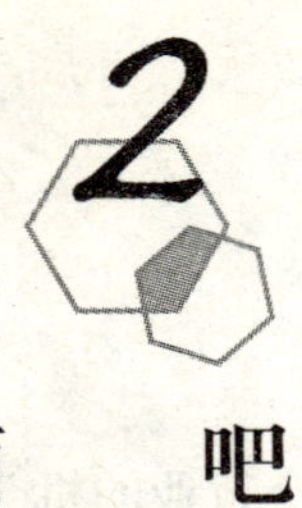

酒　吧

一位在北京什刹海开酒吧的人说："酒吧是一种文化，是人们休闲、放松、快乐、谈话的好地方，酒吧文化是很有情调的，能给人带去愉悦，忘记烦恼和痛苦……"

酒吧在发达国家很发达，业余时间，人们聚集在里面喝酒、听音乐、唱歌、谈话，消除疲劳，充分放松自己，享受着生活。我国酒吧业起步较晚，大多集中在大城市，一些中小城市酒吧较少，形不成气氛。目前，比较有人气的酒吧是北京西城区的什刹海酒吧一条街，以银锭桥为中心，沿着后海两侧，开设了数百家格调不同的酒吧，有俄罗斯格调的，有法国格调的，有巴西格调的，有阿根廷格调的，有德国格调的，有英国格调的，有意大利格调的，有民族格调的，有荷兰格调的，等等。夜间灯火阑珊，音乐起伏，歌声悦耳，烛光闪闪，酒味醇香，特别吸引人。据说旺季时，好的酒吧一天的营业额能达到数十万元。

酒吧的利润高，一般有固定的消费人群，如果能抓住机会，在适当的地点开办有文化内涵的酒吧，价格公道，品味高，很可能会"红火"起来。

例如：23岁的大学毕业生小兰，没有找到合适的工作。天生喜欢红酒、交谈和音乐的她决心开办酒吧。在几所大学和写字楼附近租了一间合适的门店后，她精心将其装修成异国风格，每天请音乐人现场弹唱，定期表演外国舞蹈，举办沙龙。晚上和周末，大学生、研究生、公司职员们蜂拥而至，啤酒、红酒、青酒、烧酒、饮料、茶水、咖啡的消费量非常大，年收益超过200万元。

酒吧里的消费比较高，啤酒、红酒、饮料、茶点要比普通市场高出几倍，甚至几十倍。要合理定价，不能坑害消费者，要将长远利益放在第一位。

酒吧里电器、灯光、明火比较多，地方比较狭窄，一定要注意安全防火，不能大意。

酒吧里的各色人等混杂，情况复杂，要注意防止盗窃、酗酒、打架、斗殴、淫秽、吸毒等不良现象的发生。

酒吧里的食品较多，要注意存放管理，防止变质。酒吧里比较吵闹，噪声会干扰周围的居民，要与居民区、学校、办公场所保持一定的距离，以免激起民愤，陷入被动。

职业规划专家提示

酒吧有特定的消费群体，定位要准确，地理位置要选择好，布局要科学、合理。

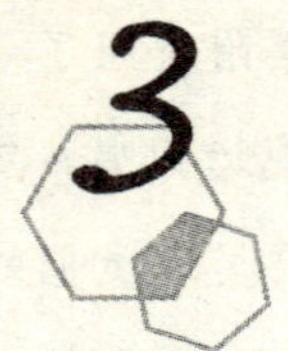

3 茶馆

中国茶叶协会的专家说：“茶文化是中国几千年特有的文化，包含着天地人合一的思想，是人们无法割舍的情缘……”

俗话说：“开门七件事，柴米油盐酱醋茶。”茶在我国几乎家家离不开，人人都喜欢，每个人都能说出点茶叶的故事来。

现在人们崇尚休闲。休息的时候，或自己独自饮茶，或邀请几位好友去茶楼品茶，逍遥自在。

现在商务活动增加，茶馆是谈判的最佳场所，清香四溢的茶叶，轻柔欢快的音乐，无形中给谈判增添了亲切感、从容感、理性感和信任感。

现代人们重视身体健康，饮茶有益健康，长期饮茶（绿茶、花茶、红茶、普洱茶、苦丁茶、菊花茶、药茶），可以预防一些常见病的发生，可以促进消化，提高记忆力，所以饮茶是人们生活中必不可少的一部分。

例如：19 岁的簌簌没有考上大学，独自到北京开办茶楼。22 年时间，她的茶楼开了 5 家分店，员工超过 300 人。茶楼里有古典乐器演奏，有新茶加工制作表演，有茶艺表演，有茶文化讲座，有古代茶具展示，有茶饮食制作，有陈年茶叶展览，年收益 1 000 万元以上。当年很多考上大学的同学毕业后没有找到合适的工作，都主动到北京给她打工。

茶馆的地理位置很重要，所以最好选择在交通方便、安静、空气新鲜的地方。

茶馆的利润空间非常大，根据不同的茶叶、年份、等级，合理确定价格，千万不能“宰”客户，要讲诚信，细水长流。

茶馆里的布局要细腻，充分显示茶文化的特点，气氛要和谐，让人安静、放松。

茶馆里可以适当安排一些文化活动，艺术、音乐、舞蹈、京戏、相声、小品，给人们以精神享受。

茶馆里还可以搞一些配套消费，如干果、水果、小吃等，使利润空间增大。也可以根据不同的人群，开设学生茶、家庭茶、商务茶、大路茶和休闲茶等产品。

茶馆里的人多、物品多、电器多，防火防盗最重要，要有专人负责，以免发生不必要的问题。

职业规划专家提示

茶馆有悠久的历史，经营过程中，要把古朴与现代结合起来，要把文化融入其中，才能领悟到茶的奥妙。

咖 啡 店

一位咖啡店店主说："喝咖啡是一种真正的享受，能使人悟出人生的酸甜苦辣……"

咖啡是舶来品，当初进入我国以后，深受上层人士的欢迎，是有文化、有品味、有地位、有财富、有艺术、有涵养的象征。随着咖啡的普及和人们生活水平的提高，咖啡被越来越多不同阶层的人所接受，在我国的市场已经十分广阔了。

咖啡含有丰富的维生素、氨基酸和人体所需要的矿物质，能提神醒脑，促进人体新陈代谢，全世界大多数的人都喜欢，是世界三大饮品之首。

咖啡确实有独特的风味，它的苦、涩、甜、香、颜色都给人带来很多神秘感和回归自然感。咖啡可以使人着迷，可以让人倾注全部的情感，难以忘怀。

咖啡店是谈话、休闲、交友、办沙龙、谈恋爱的好场所，如果在适合的地点开办咖啡店，比如环境好，人流量大，交通方便，周边人员文化素质好、经济收入高地方，一般都会有很好的收益。

例如：芸芸一直喜欢喝咖啡，大学毕业后她没有去找工作，在家人支持下，在一家大公司附近开办了一家咖啡店，24 小时营业，内设西点加工坊、水果加工坊、冰激凌加工坊、西餐加工坊。店里的咖啡品种很多，有国产咖啡、进口咖啡等，还可以现场制作，针对各种人群，定价合理。特色产品包括高档商务咖啡套餐、经济咖啡套餐、普通咖啡套餐、大学生咖啡套餐、白领咖啡套餐、情侣咖啡套餐、生日烛光咖啡套餐、情人节咖啡套餐、老同学聚会咖啡套餐等，生意异常好。

创业咖啡店不要在价格上打主意，要区分档次，根据不同的消费对象制定价格，能让所有层次的消费者接受。开业前，要认真学习咖啡的知识，了解咖啡的产地、种植、生长、加工、储存特点，煮咖啡的技巧，全面了解咖啡文化，做到心里有数。

咖啡店里的蜡烛、电线、电灯、电动研磨机比较多，易燃物质也多，因此要注意防火，保证消防器材的质量和数量，保证安全通道的畅通。

咖啡店最好处于道路便利的位置，临近繁华街道、写字楼、大学、机场、码头、火车站、旅游景点，应该有足够的停车位。

职业规划专家提示

创业咖啡店要有深厚的文化修养，真正懂咖啡，办出特色，办出品质，就不愁没有“凤凰”来。

冰激凌店

一位冰激凌店店长说："冰激凌是一种文化，深入其中，能使人享受无尽的快乐……"

冰激凌是人们非常爱吃的一种食品，无论男女老幼，外国人还是中国人，只要胃口好，都喜欢它的独特味道。它的甜、它的凉、它的奶香味道，让人安宁、淡定、神清气爽，它的形态色泽让人浮想联翩。

冰激凌不仅是夏天的降温好食品，而且是一年四季的健康食品。它含有丰富的蛋白质和维生素，能解暑、消渴。

冰激凌店是休闲、纳凉、亲子教育、谈恋爱、同学聚会、交友的好场所，如果在适合的时间、地点开办冰激凌店，收益一定不会差。

开办冰激凌店关键是要有创意，本着以人为本的原则，把健康放在首位，想方设法办出文化来，办出情调来，办出品质来，办出健康来。这样才能打动人心，招来无数顾客。

例如：小张在一家IT公司打工，由于受不了紧张、压抑、局促的工作环境，他辞职了。他用几年积累的收入在公园附近开办了一家冰激凌店。参照国外冰激凌店的经营经验，他在冰激凌中加入了文化元素，如情侣冰激凌、母女（子）冰激凌、夫妻冰激凌、热烈冰激凌、清凉冰激凌、浪漫冰激凌、幸福冰激凌、老来乐冰激凌、生日快乐冰激凌等，照顾到了所有群体的需求。10年下来，他在各繁华地段又先后开办了5家分店，效益非常好。

创业冰激凌店要预先进行预测，精确选定位置，风格独特的装修很重要，外观和内饰要吸引人，给人以舒适、安静、清凉、热情、欢快之感。要下工夫认真学习冰激凌的制作技术，科学调整配方，使口味更加贴近大众。

冰激凌店里的冰箱、空调、电动混合机等电器比较多，一定要注意安全用电，防止发生意外。

冰激凌店的开设位置最好处于繁华的商业街、幼儿园、小学、初中、高中、大学、公园、游乐场、旅游景点、博物馆、展览馆、体育场附近，能保证一定数量的客流量。

冰激凌店里的原料多，在炎热的夏天，要注意食品卫生，加强食品保管管理，防止食品污染和变质。

职业规划专家提示

创业冰激凌店要认真研究市场，研究消费群体，合理定位价格，在质量上和风格上下工夫，才能作出成绩。

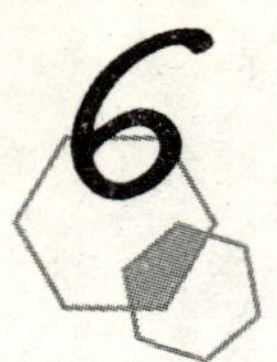

美发店

一位美发店的经理说："美发是人们追求美的一种方式，越来越多的人主动走进美发店，追求个性美容了。"

理发、美发是人们的生活必需，再穷的人也要理发，谁也无法回避。这个市场是无尽的，永远也不会消失。

由于现代人渴望美，追求个性化，对美发的要求日益提高，所以美发业需要创新、发展，从而符合时代潮流。

由于现代广播、电视、表演、展览、会议、外交活动众多，人们需要美发师的精心设计，因而高级美发师会供不应求。

由于现代人对婚礼的要求高，新娘、新郎对发型的要求很高，需要特殊的美发师来帮助他们制作发型。

例如：高中毕业的小白选择从事美发行业的职业。她自费到美发学校学习了半年，掌握了美发的基本技能。而后，她开办了自己的美容美发店。她很有商业头脑，大胆引进国外美容美发的新技术、新工艺、新材料，到婚姻登记处向即将结婚的新人毛遂自荐，上门提供特殊服务；到电视台自荐为节目主持人、专家、演员化妆；到高级写字楼向职业女性推荐自己的美发技术，与VIP客户建立长久关系。20年以后，她的美容美发店业绩惊人，发展了12家分店，雇佣员工200多人，年收益超过600万元。

创业美发店不是很困难的事，这是个熟练工种，只要掌握了基本的美发技术，精益求精，就能有效益。

美发店的前期投资也不小，需要门店、器械、工具等，要根据自己的经济实力，可以先小后大，逐渐展开。要想把美发行业做大，需要热心服务，以客人为本，技术第一，开展特色服务，才能赢得人们的信任。

美发店的开设位置很重要，最好开在人流量大的街道、写字楼、机关、公司、学校附近，这样能保证一定的客流量。

美发店里的人多，情况复杂，剪掉的碎头发多，要注意美发器械的卫生，按照规定，严格消毒。要加强对碎头发处理和对工具的保管，防止发生疾病传染。

美发业务的创新很重要，一定要瞄准国际潮流，掌握最先进的美发技术，能为顾客提供美容美发咨询服务，提供优质的个性服务，这样才能在激烈的市场竞争中立于不败之地。

职业规划专家提示

创业美发店要把技术放在首位，没有好的技术，没有一流的特色服务，是很难有大发展的。

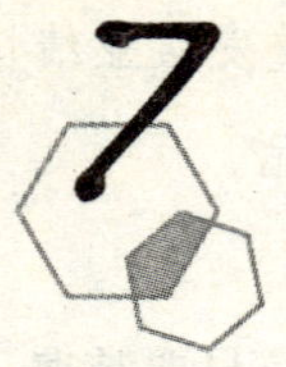

小饰品店

一位小饰品店老板说："千万不要轻视小饰品，它的利润虽然不高，可是有巨大的量，商机无限。"

随着人们对更高生活品质的追求，大家喜欢买一些漂亮的小饰品装扮房间、手机、手包和汽车等，消费人群非常大。

当今社会旅游的人数逐年增加，人们到各地都喜欢买点当地的纪念品，这为经营小饰品店提供了机会。

各种体育赛事多，文艺演出多，电影和电视多，各行各业的新人物多、明星多、各种可爱的动物也多，这些都很吸引人，如果能及时开发相关小商品，市场前景一定好。

手机的数量多，女士包种类多，就需要大量的手机、手包小饰品，这个市场十分巨大。

小饰品的种类很多，五花八门，样式有传统的、动物的、植物的、星座的、搞怪的、卡通的、兵器类、高科技的、医学的等。

小饰品的制作材料有木头、塑料、钢铁、陶瓷、树脂、铝、草叶、庄稼杆、合金、石头、骨头、废旧物品、玻璃、水晶、毛线、棉花、羊绒，等等。

例如：小米大学毕业后没有考上公务员，她没有因此气馁，自己开办了一家小饰品店，专门经营仿真小动物、卡通玩具、手机挂件、体育赛事吉祥物等。10年时间，她又拓展了10家分店，有了生产公司，批发兼零售，一年的收益超过200万元。

开设小饰品店是个不错的选择。它的投资小、见效快，如果能把位置选好，经营人们喜欢的物品，肯定能有大收获。

开设小饰品店最好分门别类，按照幼儿、儿童、小学、初中、高中、大学、年轻人、职业女性、中年妇女、老人等，这样可以定位准确，保证销路，广开财源。

小饰品店的位置很重要，一般选择在繁华的商业街区、学校、幼儿园、公园、旅游景点和年轻人多的地方，能保证一定的人流。店内的布局很重要，顾客进门以后，立刻感到温暖、快乐、喜欢。

小饰品的价格要合理，分成高、中、低端产品，让各类人群都能在店里找到满意适合的心爱之物。

小饰品的进货渠道要正规，要保证材料质量，保证产品质量，不能假冒名牌，更不能以次充好。

职业规划专家提示

创业小饰品店要经营人们喜欢的、质量好的、有艺术特点的物品，定位好消费人群很重要。

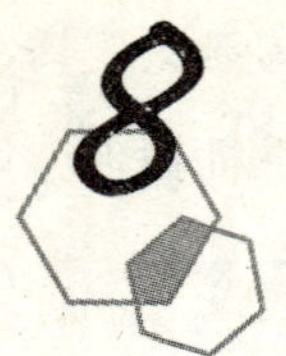

书　店

一位书店的经理说："书能给人智慧，无论什么时代，总有一大批爱读书的人，这是不容置疑的事实。"

现代人渴望了解世界，渴望提升自己的素养，渴望获得各种各样的知识，书是知识的载体，是人们获得知识最直接的途径，它永远都有市场。

改革开放以来，图书事业发展得很快，真正实现了百花齐放的局面，给人以耳目一新之感。

图书的分类很多，有文学类、历史类、科普类、社科类、教材类、教辅类、健康类、幼儿类、科幻类、神话类、专业类、医学类、考古类、地理类、海洋类、军事与战争类、名人传记类、历史人物类，等等。如果选择其中一类图书或几类图书经营，一定会有光明的前景。

例如：12年前，两位农村女大学生毕业后，没有考公务员，也没有去应聘工作，而是合伙开办了一家书店。她们把书店开在小学、初中、高中附近，专门经营教材、教辅、作文范例、奥数、历届中考、高考模拟试题。她们与全国几百家出版社、教学单位建立了合作关系，定期请专家来书店进行作文、学习方法、中考、高考讲座，附近的学生、家长蜂拥而至，生意非常好，一年的收益超过500万元。后来，她们又在市区的其他地点分别开办了6家书店分店，并购买了2台运货车，雇佣员工100多人。

开设书店前要到有关部门申请，获得经营许可以后，才能经营。经营中要严格按照规定进行，遵纪守法，不能为了金钱，忘记法律，违法经营盗版书、淫秽书、封建迷信书和反动书籍，一定要合法经营，不能为所欲为。

开设书店的程序并不复杂。书店的优点很多，一能为人提供精神食粮；二能满足人们的需求；三能陶冶情操，自己也受教育。

书店的进货方式和渠道很有学问。同样的书，进货渠道不一样，价格就会差得很多。要货比三家，以最低的折扣进书。另外，要关注出版社积压的书，有时可以用买废品的价格购入很多新书。

书店的位置要选择在繁华的商业街区、学校、大公司多的地方，对流行的新书，要适当地进行宣传。图书的定价要合理，能给顾客多打折就多打点折，薄利多销，争取回头客很重要。

职业规划专家提示

创业书店一定要了解图书市场，准确定位自己的销售群体，突出专业和个性，才能赢得商机。

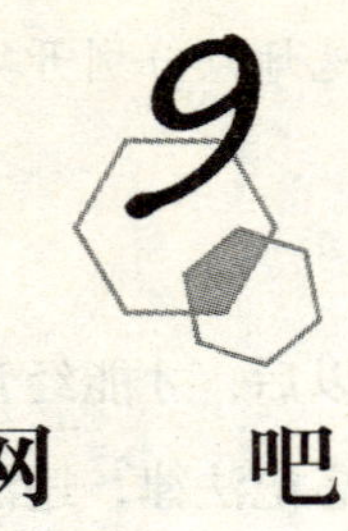

网 吧

一位网吧老板说："网吧是人们喜欢的场所，能够摆脱烦恼，获得知识，促进交流……"

网络已经深入人们的生活，特别是年轻人已将现实生活与网络世界融为一体了。他们在网络上学习、交友、解决问题、购物、聊天、玩游戏、听歌曲、看电影、写博客、谈婚论嫁，等等，网络几乎到了无所不能的地步。

网吧是为人们提供网络服务的基地，在里面人们可以便利地使用网络，实现自己的目的。

当代年轻人闲暇的时间多，他们大多是独生子女，一个人待在家里没什么意思，上网吧已成为一种时尚。现在流动人口多，很多年轻人独自到异地工作，业余时间都愿意去网吧上网。现在各种会议也多，很多人在异地开会期间，为了收发邮件、获取资料，都去网吧上网。当今各种网络游戏非常多，吸引了很多人进入网吧。这些都为网吧提供了生存的基础。

例如：16 年前，小马高中毕业后，自学了网络知识，并开办了一家网吧。他全方位服务，为顾客办理优惠卡，24 小时营业，划分消费时间段，并提供快餐服务、小食品服务、技术服务。有了充足的顾客进来消费，他的网吧一年利润在 200 万元以上。

开设网吧要严格遵守有关部门的规定。获得经营许可以后，才能营业。经营中要遵守规定，绝对禁止 18 岁以下的孩子进入，绝对禁止淫秽的内容，绝对禁止搞其他违法活动。

网吧内的安全很重要，防火任务艰巨，要遵守消防规定，配备专用的消防器材，留出专用的消防通道，安全门窗要保证畅通，不能被封堵死。

要规劝客人文明上网，严禁赌博、漫骂、欺骗、散发不良消息的行为发生。要有公共安全意识，发现不良行为，要立刻报警，及时解决问题。

网吧内的空气一般不怎么流通。要注意环境卫生，注意开窗换气，以便防止各类传染病的发生。要经常对计算机键盘、鼠标、话筒消毒，保证健康最重要。

职业规划专家提示

网吧是新时代的产物，有固定的消费人群，一定要正规经营，千万不能胡作非为。

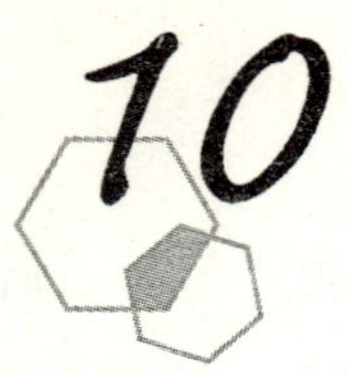

加盟连锁店

一位加盟连锁店的经理说："加盟连锁店是不错的选择，有市场、有规模、有特殊的消费人群……"

现在大街上加盟连锁店到处可见，有经营服装、鞋类的加盟连锁店，有经营饮食的加盟连锁店，有经营电器的加盟连锁店，有经营日用品的加盟连锁店，有维修加盟连锁店等，无论走到哪里都能见到熟悉的商店和商品，人们已经习惯在连锁店里消费了。

加盟连锁店的优势在于前期投入少，不用打广告，有强大的"基地"支持，货物、技术、人员、店面形式、价格、型号、款式都是统一的，无须自己费力。

例如：8年前，下岗女工小王经过认真考察，走访了当地的服装市场，加盟了一家服装连锁店，专门经营韩版裤子、衬衣和外套，型号齐全，款式新颖，价格公道，很快就赢得了市场，年收入在100万元以上。

又如：5年前，高中毕业的小于不想考大学了，决定根据其爱好经营小吃。他主动加盟了一家特色小吃连锁店，投资2万元就办起来了。小吃连锁店24小时营业，开在大学、中学、公司附近，有一定的客流量保证。人们很喜欢这种风味小吃，纷纷前来品尝，现在他的特色小吃连锁店年利润在 20 万元以上。

开设加盟连锁店要认真考察“基地”的实力，社会公信度，人们的认可度，不要盲目追风，以免遭受损失。

开设加盟连锁店要严格按照加盟连锁店的要求办事，价格、服务、招牌等都要统一，不能有损“基地”的形象。

加盟连锁店的选址很重要，根据不同的项目要选择合适的地点，生意才能火红。

开设加盟连锁店不能扎堆，同样的加盟连锁店不能过于集中，密度不能过大，应该有一定的距离。

开设加盟连锁店前，要与“基地”签订好合同，认真审查合同条款，以免被欺诈。

开设加盟连锁店后，要随时与“基地”保持密切的联系，及时得到技术上的支持和帮助。

开设加盟连锁店要有大局观念，在服务质量上下工夫，不能有损“基地”的声誉。

职业规划专家提示

加盟连锁店有很多规章和要求，要自觉遵守，千万不要犯自由主义，见利忘义的事情坚决不能做。

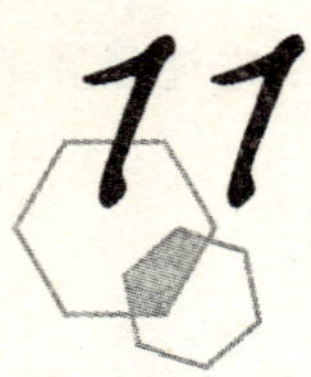

洗浴中心

一位洗浴中心经理说："现在的洗浴中心不单纯是保持个人卫生的好地方，还是人们放松、健身、交流、休息的好场所。"

现在人们更讲究卫生，不在喜欢很多人一起泡澡，所以过去的澡堂子很少了，逐渐被洗浴中心所取代。

洗浴中心确实能方便人们的生活，有些家庭没有洗澡设施，为了健康，一般会到洗浴中心洗澡；一些出差在外的人，为了保持个人卫生，也愿意去洗浴中心洗澡；一些松散的商务会谈，双方也愿意去洗浴中心，边洗澡、边休息、边交谈；一些出租司机，开车累了，很愿意去洗浴中心洗澡、休息；一些农民工，为了缓解劳累，也愿意去洗浴中心洗澡，等等。洗浴中心如果开得有特色，价格合理，安全健康，一般效益不会差。

例如：15 年前，下岗工人小兵在家门口的临街位置开办了一家洗浴中心，淋浴、泡池、药浴、按摩、理发、修脚、修指甲、小吃和烟酒销售等服务齐全，既有适合普通人群消费水平的服务，又有满足中高端人群需求的服务，生意非常好，年收益 100 万元。

开设洗浴中心要严格遵守有关部门的规定，获得经营许可以后才能经营。

开设洗浴中心卫生最关键，洗浴用品、设备、设施（毛巾、拖鞋、池子、地板、卫生间）要严格消毒，不能麻痹大意。

开设洗浴中心要与派出所保持密切联系，要健康、文明、遵守法律，绝对禁止卖淫嫖娼、吸毒、赌博等活动，发现有不良行为者及时规劝，严重时立刻报警。

开设洗浴中心要注意安全用电和安全防火，定期检查用电设备，防止漏电、触电问题发生。要留出专用的消防通道，安全门窗要保证畅通，不能被封堵死。

开设洗浴中心要注意室内空气质量，要开设通风口，切实保证室内空气流通，防止物品发生霉变。

开设洗浴中心要注意人身安全，地板要进行防滑处理，要配备防滑拖鞋，防止意外摔倒。

开设洗浴中心要及时为客人提供安全教育和疾病预防常识；明确洗澡时的注意事项；妥善保管好物品；严禁酗酒者、精神病患者和患有传染病者进入；儿童进入时，要有家长陪同。

职业规划专家提示

开设洗浴中心一定要保证安全、健康、文明，遵纪守法很重要，这样才能真正给人们提供优质服务。

汽车维修

一位汽车维修店的经理说："汽车维修是不错的职业，只要有过硬的技术服务，前景非常好。"

我国已经进入了汽车大国，年销售量超过了 1 000 万辆，很多城市平均 10 户就有一辆汽车。汽车已经是人们生活的一部分了，维护、保养、清洁、配件、改装业务繁多，这里面的市场巨大。

汽车是技术性非常强的产品，安全最重要，谁也马虎不得。维修、保养、检测是必须要做的事，这是钢性消费。

汽车是流动的产品，各个地方都能见到它的影子，只要有汽车的地方，就要有维修店。

汽车是消耗产品，零件有使用年限，磨损、老化的零件需要及时更换。

例如：21 年前，高中毕业生小毛，自费去汽车技术学校学习维修知识，开办了一个汽车维修店。他不怕吃苦，肯钻研，24 小时营业，对各种车辆都会修，而且价格合理，还办理的优惠卡，很多车主都愿意来他这里修理。几年以后，维修店开拓新业务，招收工人 30 多位，与几家大的汽车公司合作，开办检测业务，效益成倍增加。另外，还主动引进了自动洗车设备，又是一个增收点，一年的利润在 300 万元以上。

开设汽车维修店，要主动与汽车制造厂取得联系，得到正规的配件和检测设备。如果具备一定的实力，可以申请四 S 店，专门经营品牌车，保证稳定的收益。

开设汽车维修店的位置很重要，一般开在交通便利，距离公司、住宅、单位比较近的地方。

开设汽车维修店要讲究信誉，质量第一，配件一定要正规，不能以旧当新，坑害消费者。

开设汽车维修店培养专业的维修人员很重要，维修人员要以客户第一，不怕吃苦，才能赢得客户的信任。

汽车维修店可以拓宽业务，办理汽车清洗、汽车装饰、汽车评估等业务，为客人办理年卡、季卡和月卡，保证一定的客户群。

汽车维修店的安全很重要，电器设备、容易燃烧的物品、酸碱液体很多，要按照操作规程办事，防止发生意外。要注意环保，节约用水，千万不要浪费。

职业规划专家提示

只要有汽车在，汽车维修店就有生存的机会，关键是技术和服务，这是发展的根本。

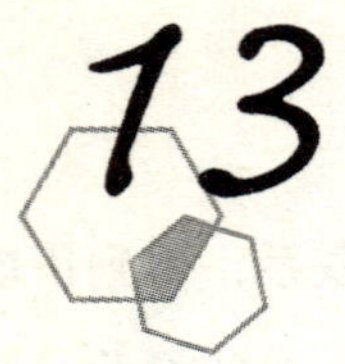

陶 艺 馆

一位陶艺馆的经理说："陶艺馆是现代人最爱光顾的地方之一，这里能使人们找到回归自然的感觉。"

我国陶艺有悠久的历史，可以追溯到几千年前的新石器时代。精美的陶器不仅能使用，还能给人以美的享受。

现代人很有审美意识，希望买到古朴的陶器，摆放在家中用于欣赏，或为家庭布局作点缀。

由于近年来人们收入不断增加，住房条件也得到了改善，很多家庭都有较大的客厅，这为购买陶器提供了条件。

例如：22 年前，美术学院毕业生小孔开办了一家陶艺馆，在农村建了烧窑。在陶艺馆，顾客可以现场制作各种陶器，体验陶器制作过程，观看烧制过程，得到个性化的陶器制作服务，一下子就吸引了很多人。另外，陶艺馆的产品在各种展览会上深受欢迎，产品畅销海内外，陶艺馆一年的收益超过 300 万元。现在小孔的陶艺馆在全国开设了 30 多家，并成立了设计公司、材料公司、烧制公司、销售公司和运输公司。

开设陶艺馆，要有一定的艺术细胞，了解国内、国际陶器的潮流，及时开发新产品。

开设陶艺馆最好是设计、制作、烧制一条龙，这样可以保证陶器的质量。

开设陶艺馆，应该开发个性化服务，满足特殊人群的需求，如在陶器上设计出人的名字、特殊纪念日、特殊文字，等等。

开设陶艺馆的选址很关键，应该选择在大公司、学校、商场附近，能保证一定的消费人群。

开设陶艺馆可以拓展业务，让客人自己制作、烧制，体验烧陶器的快乐过程。客人自己制作时，要预先对其进行安全教育，在使用机械模具的过程中，要防止发生事故。

要敢于走出去，积极宣传陶器新产品，主动参加各种展览会，让人们接受陶器，喜欢陶器。如果条件允许，积极向外国人推广，通过外贸渠道，把陶器推向世界，这里蕴涵着巨大的商机。

要敢于借助各种文化、体育、外交、重大节日、名人、历史故事、战争、动物、海洋、兵器、电影、电视等人物，设计符合流行趋势的陶器新产品，让陶器再次焕发出青春。

职业规划专家提示

陶艺馆一定要有品位，能给人以文化熏陶，给人以美好的享受，给人以启示。

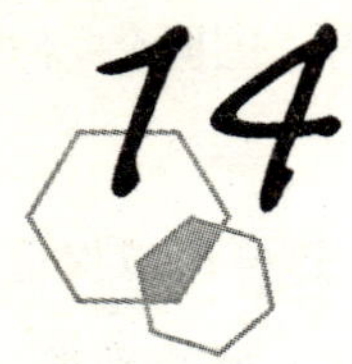

宠物服务

一位宠物店店主说："随着人们生活水平的提高，宠物逐渐走进家庭，这是个庞大的市场，发展趋势谁也阻挡不了。"

宠物热持续不减，城市很多家庭养宠物狗、宠物猫、观赏鱼、观赏鸟等，宠物也吃五谷杂粮，也会生病，也需要治疗，这就为宠物服务提供了市场。

现在人们都有爱心，对宠物的照顾很细致。宠物生病了，主人会很着急，不惜花钱去治疗。

宠物要洗澡、睡觉，需要专门的用品；宠物需要吃专门的食物，需要有专门的生产、制作厂家，这些都是商机。

宠物需要管理。主人外出长时间不在家时，需要将宠物寄托给专业人员管理。

例如：11 年前，喜欢宠物的小兰自学动物医学，并开办了一家宠物店，对宠物（狗、猫）开展全方位的服务，治疗、养护、食品、用品、管理、训练、配种、接产、销售，等等。由于小兰与助手长期住在店里，宠物店 24 小时营业，服务质量很高，赢得了顾客的信任，宠物店业务量很大，一年的利润超过了 60 万元。

又如：15 年前，高中毕业生小贾没有考上大学。他看到小区里宠物很多，萌生了从事宠物用品行业的想法。他成立了一家宠物用品公司，专门生产宠物食品和宠物用品，产品供不应求，销往全国 200 多个地方，年利润超过 300 万元。

开设宠物店要掌握宠物的特点、性情，要有治疗宠物疾病的技能，要取得有关部门颁发的营业执照，不能开“黑”店。

宠物店里经营的项目要广泛，不要仅局限于狗、猫，还可以经营鸟、鱼、虫等，这是很大的经营增长点。

开设宠物店要严格执行有关规定，不能擅自经营国家保护动物，遵纪守法很重要。

开设宠物店要注意动物疫病情况，及时与防疫部门取得联系，发现情况立刻报告。

开设宠物店的选址很重要，应该选择在距离居民区近、交通便利的地方。

开设宠物店以后，可以逐渐扩大业务范围，生产宠物专用食品、用品等，实现多点经营，利润增长。

职业规划专家提示

开设宠物店需要有爱心和耐心，切实用心去对待动物，这样才能赢得人们的信任。

自行车修理

一位自行车维修店店主说："中国是自行车大国，只要你肯吃苦，不怕脏，自行车维修是不错的选择。"

自行车是我国的一大特色，几乎人人都有，人人会骑，巨大的市场为自行车维修的业务量提供了保证。

自行车是消耗产品，使用中机械故障、意外故障、自然磨损的情况很多，都需要修理。

自行车是人们的主要代步工具，人们上班骑自行车、购物骑自行车、外出办事骑自行车，中途出现故障，一般需要就近维修。

自行车修理不需要太大的投资，技术要求也不是很严格，只要能吃苦，就能开张。

自行车使用一段时间以后，需要定期保养和维修，这是保证安全的关键。

例如：下岗工人王师傅闲着无事，在家门口开了一家自行车维修店，24小时营业，补胎、换胎、换零件、打气、充电、保养……什么都干，一年下来收入超过10万元。后来，王师傅决定拓展自行车维修店的业务范围。他与几个自行车厂家联系，为其代卖自行车、零件和电动车，效益大增，年收益超过50万元。

开设自行车维修店要去有关部门办理营业执照，取得许可后方可开业。

开设自行车维修店要设法扩大经营范围，不要仅局限于简单的修理业务，还应该为自行车厂家代理销售。

开设自行车维修店要突出技术，提供优质服务，让顾客满意、放心，这样才能赢得市场。

开设自行车维修店要遵纪守法，对可疑的自行车不要收购，要及时报警，不能成为销赃的窝点。

开设自行车维修店要合理选址，选择临街位置、上下班人多的地方以及学校、工厂、商店、菜市场、公司附近。

开设自行车维修店要延长服务时间，掌握好时间最重要，最好在人们上班前、下班后都营业，这样才容易招揽更多生意。

开设自行车维修店要明码标价，诚实守信，不能乱收费，更不能坑骗消费者。要把零件的价格降到最低，细水长流才能赢得回头客。

职业规划专家提示

开设自行车维修店要突出技术和服务质量，科学确定营业时间，才能赢得市场。

本章观点

服务领域是施展本领的大舞台，只要你有心，选择合适的项目，甘愿为他人服务，不需要很大的资金投入，就能把自己的职业（创业）发展好。

成功——规划好职业

第十二章

眼光朝向农村

成功——规划好职业

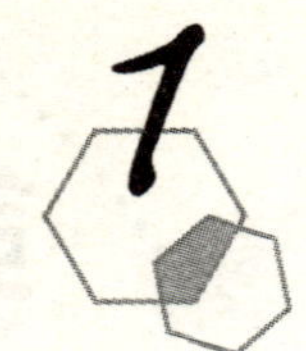

能　源

一位著名的农业专家说："能源是农村发展的瓶颈，解决农村的能源问题是当务之急的大事。"

我国是农业大国，农业人口约有10亿人，生活取暖需要能源，做饭烧水需要能源，日常照明需要能源，灌溉需要能源，乡村企业建设发展需要能源。能源是农村急需的，其市场前景无限，如果你在这方面有一技之长，一定会大有作为的。

现在农村的能源主要有七个来源，一是国家电网输送的能源；二是国家水利发电的能源；三是地方小火电、小水电能源；四是风能的利用；五是太阳能的利用；六是庄稼收割后的秸秆燃烧产生的能源；七是购买的煤炭能源。

很多农民的经济条件不好，无力消费价格较高的能源，他们需要找到最经济、最节约、最方便使用的能源。

我国现在正在大力推进农村城镇化的进程，农村城市化管理需要大量的能源。如何解决能源问题很关键，迫切希望有能人站出来，提出其实可行的方案。

例如：20年前，海外归来的小冯利用自己在国外所学的知识，一头扎向农村，专门从事沼气能源的开发利用。他利用生物技术反复研究发酵、产气技术，研制出适合农民家庭使用的沼气燃料。这种技术在很多地区得到了推广和普及，让农民从繁重的劳动中解脱出来，产生了巨大的社会效益和经济效益。

农村需要能源，需要方便、经济、实用的能源。如果认真动脑筋，开发风能、水力、太阳能、生物能，确实有广阔的前景。

广大的农村地区天然资源很多，如阳光、河流、湖海、风、牲畜粪便、玉米秸、麦秸、水稻秸、高粱秸、荒草、树叶，等等，这些都是可以利用的能源，都可以进行能源深开发。

能源开发要符合农村的实际，根据当地的环境、气候、资源进行，不能好高骛远，更不能违反科学规律，盲目开发，以免出现华而不实，造成巨大浪费。开发能源要注意环保问题，不要为了开发新能源，而污染当地的环境，这是得不偿失的。

职业规划专家提示

农村的能源发展是具有广阔前景的事业，只要选准项目，就一定会有收获。

编 织 品

一位长期做外贸生意的商人说："编制品的需求正在逐年增大，这是因为人们追求绿色、环保、无污染、纯天然……"

我国幅员辽阔，又是传统的农业大国，玉米秸、麦秸、水稻秸、高粱秸、荒草、树叶取之不尽，用之不竭，而且不需要花很多钱，就能得到这些原料。

随着人们回归自然、崇尚原始的心态加剧，编织品的需求量猛增，年产值超过数百亿元。这么大的市场，如果能科学开发利用，形成规模产业，有科研、制作、销售、运输、市场、外贸，社会效益和经济效益一定不错。

在农村发展编制品产业单靠一个人手工制作很难形成市场效应，必须走产业化的道路，才能创出品牌。

例如：18 年前，几位下岗纺织女工在郊区合伙开办了一家编织厂，根据国内外需求，开发各种样式的新颖编织品。由于她们所用的材料全是玉米秸、麦秸、水稻秸、高粱秸、竹子、荒草、树叶，既天然又环保，广受人们的欢迎，产品远销 30 多个国家。她们生产的草鞋在 2 000 多家宾馆里使用，她们生产的草帽一年销量能达到 20 万顶；她们生产的凉席一年能销售 10 万领；她们生产的竹筷子一年销量为 20 万双；她们生产的宠物笼子一年销量为 1 万个，编织厂的经济效益十分显著。

编织品需要大量的竹子、玉米秸、麦秸、水稻秸、高粱秸、荒草、树叶，等等。预先要进行原料的订购，不能打无准备之仗，保证充足的原料最重要。

编织品需要精细设计，产品既要有传统的，也要有新潮的，符合现代人的审美观，才会有生命力。

编织品需要技术，应该对相关人员进行编织技术培训，以保证编织质量。要加大宣传力度，让人们了解编织品的优势。

编织品规模化生产后，需要机械设备，要掌握现代化生产的规律，学会科学管理。

编织品属于易燃烧的物品，防火安全最重要，要配齐消防设备，严格管理物品、材料，禁止烟火。

编织品容易受潮霉变，因此库房要保持干燥，要通风良好。运输过程中要注意防水。

职业规划专家提示

发展编织品产业在农村大有前途，一定要了解市场，特别是外贸市场，找准项目后，要敢于开发、生产，这样就会产生效益。

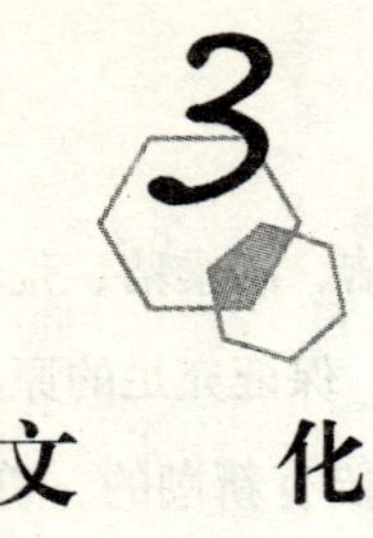

文　化

一位长期从事农村文化开发业务的经理说："农村需要文化，只要选择对路的文化产品，市场前景无限。"

农村的文化建设不平衡，有的地方很发达，有的地方很落后。如果能认真开展调研，全面了解农村的文化市场需求，选择合适的项目发展，就一定会有效益。

偏僻的农村一般很少有文化产业，这是一片处女地，特别需要外来文化进入，如电影、电视、广播、演出、门联、年画等，以满足基本的需求。

例如：30 年前，高中毕业的小军将其创业方向定位在农村文化事业领域。最初，他买了一部摩托车，带着录像带、录像机去农村放录像，天天放十多场，生意十分红火。后来，他用积攒的钱买了一辆面包车，春节前把年画、门联等文化年货送到农村，供不应求，效益出奇的好。几年后，他成立了一家文化发展公司，雇佣员工 200 多人，专门服务于农村。公司组建了农村图书报纸杂志部、农村影视部、农村戏曲部、农村春节文化部、农村文化拓展部、农村文化产品研发部，服务于全国的 200 多个地区（农村），使上亿农民受益，社会效益、经济效益显著。

我国的广大农村地区渴望得到文化，可是由于历史和地理因素，很多地区的基本文化需求无法得到满足，这块空白地区需要有头脑的人去开发。

农民也喜欢文化娱乐，很多地方戏曲非常有生命力，需要有人去组织、安排演出。

农民渴望读书，特别希望读一些能帮助他们发家致富的书，如果能开设流动图书站，选择农民喜欢的图书，就一定有市场。

农民喜欢看电视节目，特别喜欢看武打、枪战、农村题材的影视剧。如果当地没有闭路电视系统，可以组织货源，把 VCD、DVD 及碟机送到农民手中。

农民喜欢民俗及传统文化。在春节前，可以将大批文化产品，如年画、门神、春联、泥人、雕塑、红灯笼等运输到农村，一定会受欢迎。

如果你决定从事农村文化产业，就要遵纪守法，切实保证产品是健康科学的，不能有封建迷信的产品，更不能有反动的产品。

职业规划专家提示

农村文化是一个风光无限的大舞台，只要产品对路，就一定能打动农民的心。

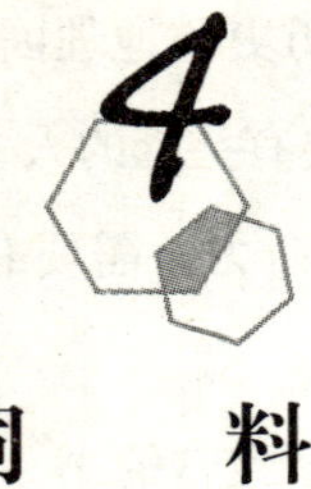

饲 料

一位专营饲料的商人说："随着养殖业的迅速发展，对各种饲料的需求也将越来越大，无法想象未来的市场有多大。"

现在养殖业遍布全国各地，养什么的都有，五花八门。有养猪的、有养兔的、有养鸡的、有养牛蛙的、有养狐狸的、有养马的、有养牛的、有养鱼的、有养鹌鹑的、有养鸭子的、有养鹅的、有养梅花鹿的、有养狗的、有养鸽子的、有养大雁的、有养蝗虫的、有养蛇的、有养甲鱼的……专业化的养殖需要专门的饲料，这个市场十分巨大，有光明的前途。

饲料的种类很多，有普通饲料、有添加营养元素的特殊饲料、有含高矿物质的饲料、有活性饲料（虫)、有抗病饲料、有动物下水饲料、有促进生长的饲料、有蔬菜饲料，等等。专门的饲料是根据各类动物生长的特点而配制的，有一定的科学性，不是一般养殖户就能制作出来的。饲料的加工程序比较复杂，各种成分比例要求很高，只要保证质量，销路不成问题。

例如：23 年前，中专毕业生小赵没有进工厂当技术工人。他从几个亲戚家里借了 5 万元，开办了一家饲料加工厂，主要生产猪饲料和鸡饲料。他从粮库买来最便宜的陈粮，从屠宰场买来动物骨头，又从渔民手中买来贝壳、虾、蟹，制造出高营养饲料，市场供不应求，一年收入 100 万元。几年后，他引进了外国先进的饲料生产技术，生产绿色、天然的快速增长饲料，立刻得到市场的认可，订单雪片般飞来。现在他的公司扩建成集团公司，有科研部、采购部、加工部、储存部、运输部和技术培训部，为全国的 2 万家养殖企业提供饲料，年收益超过了 2 000 万元。

饲料生产与粮食价格的涨跌有直接关系，平时要关注粮食收成情况，要能预见粮食的价格走势，提前储备价格低廉的粮食，这样生产出来的饲料成本就低，利润就高。

生产饲料要讲究科学，要有专业的技术开发人员，人才引进、培训是关键，这是保证饲料质量的关键。另外，原料、产品饲料都需要科学保管，防止发生霉变。

现在人们渴望吃到放心肉，饲料这一关很重要，饲料要绿色、环保、天然，不能添加激素、化学生长素、化学催化素，更不能添加有毒的化学染色物质。

职业规划专家提示

饲料生产有广阔的前景，只要加大科学研究，产品质量可靠，就能得到市场的认可。

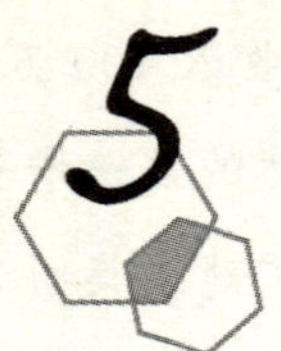

灌　溉

一位专门研究灌溉的专家说："我国一些地区是缺水的地区，当地农民靠天吃饭的问题还没有得到根本解决，科学灌溉是保证农民丰收的重要手段。"

俗话说："庄稼生长离不开水。"春天到了，农民辛勤地播种，希望风调雨顺，种子能顺利发芽、生长、结果，有个好收成。可是很多地方雨水少，地下水也少，即便有地下水，传统浇灌的方法造成水浪费严重，水成本高，灌溉不均匀，不能保证粮食苗壮生长，这是困扰农民的一个大问题。

科学浇灌是农田灌溉的一次革命，不仅能节约宝贵的地下水资源，减少浪费，降低成本，还能保证灌溉的实际效果，保证出苗率、生长率和丰收率。

现在广大的农村基本上还是以农民家庭为单位种地，有的农田远离水源，有的农田需要借用他人的引水渠，有的农田缺乏地下水，有的农田地势倾斜，无法保留住灌溉用水……如果能开发科学的灌溉方法，就能切实解决农民的燃眉之急。

例如：20年前，学农机专业的小吴成立了农业灌溉技术服务公司。他头脑清楚，思维开阔，认真学习外国先进灌溉技术，经过无数次试验，他研制出了长距离低雾喷灌技术，灌溉覆盖率达到了100%，比传统灌溉方式的成本降低了60%，一亩地的收成比以前提高了1～5成，深受农民的欢迎。他的产品和技术被推广到全国很多地区，真正实现了科技下乡。另外，他还根据季节情况，认真组织技术人员带上长距离低雾喷灌设备，主动去田间地头为农民服务，公司的年收益超过500万元。

立足农村市场进行职业（创业）选择大有作为，农民需要科技下乡，他们希望得到高效能、低成本、方便、实用的灌溉技术指导，这类需求量很大。如果能下工夫认真研究灌溉技术，真正为农民解决问题，不仅能获得经济效益，也是功德无量的好事。

从事灌溉技术研究，需要瞄准世界农业技术发展的前沿；需要不断地创新；需要了解新材料、新设备；需要掌握计算机技术，实现自动化控制浇灌；需要因地制宜，产品与技术能适合各种地形、地势；需要深入下去，与各地农业技术部门建立联系，与千千万万的农民保持联系；需要吃苦精神，才能实现伟大的创业。

职业规划专家提示

灌溉是关系到农民能否丰收的大问题，如果能在这方面有所突破，有所创新，就能真正给农民带去“甘霖”。

6 农　药

一位专门从事农药研究的人说："农药是保证农民丰收的关键，需要积极开发无公害、无毒、无污染的新产品，这是大趋势。"

环境的恶化、气候的反常，导致农作物的病虫害日益增多，如果想除掉害虫，得到丰收，就要使用农药，保证庄稼、蔬菜、果木的健康生长。

传统农药是双刃剑，使用得科学、合理，降解时间足够，一般不会对人的身体健康造成伤害；如果使用得不科学，降解时间不够，残留农药超标，就会危害人的身体健康。肇事者轻者受到处罚，重者可能要追究刑事责任。

现代人日益意识到残留农药毒性问题的严重性，希望粮食、蔬菜、果木上残存的农药少，甚至没有残留物；希望农民使用无毒、无公害、无污染的农药；希望农民使用的农药配制科学，尽量把危害降到最低；希望农药有足够的降解时间，这些都为农药的开发、研究、推广、使用奠定了基础。

例如：20 年前，学农业专业的小强大学毕业后，仍然一门心思研究农药及机械设备。他大胆引进国外无公害农药，改良我国传统农药的配方，反复试验农药的配置比例、使用时间、分解条件和环境，研究农药的无害化处理技术，改进农药喷洒机械设备，深受广大农民的欢迎，产品供不应求，多次被农民朋友邀请去现场指导农药喷洒技术。小强也实现了社会效益和经济效益双丰收。

农药是农民丰收的保证，如果能开发出新型的绿色、环保、无公害农药，就是一次革命性的胜利。农药开发不能只停留在试验室研究层面，必须将研究成果转化为产品。要根据农民的需求，根据环境情况，研制出让人放心的农药。要注意一个问题，经营农药需要得到有关部门的检验、审查、批准，不能擅自经营。

农药的配制、使用和降解时间是很严肃的事，需要专家对农民进行指导，不能有半点马虎。

开发农药产品，眼光要放远一点，要认真学习，全面掌握世界先进农药的发展态势，敢于引进新农药、新配方、新机械喷洒设备和电子智能控制技术，争取实现智能化的全自动配制、喷洒和降解农药，彻底代替人工配制、喷洒和降解，避免意外的发生，保证安全、可靠、无公害。

职业规划专家提示

从事农药事业（创业），一定要以科技为指导，在无公害上下工夫，在智能化上下工夫，必定会有大的收获。

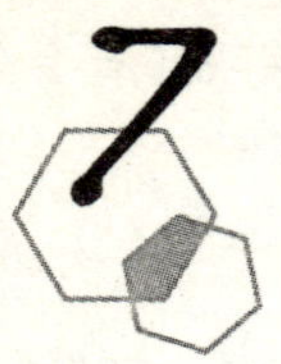

房屋设计

一位长期从事农村房屋设计的工程师说："房子是农村最大的事，农民已经认识到房屋设计的重要性了。"

农村居民把建房子当成很大的事，可以把一辈子的积蓄都用来盖房子，这样才感到安全、踏实、有成就感。

随着生活水平的提高，随着人们视野的不断开阔，农民建房子的要求也提高了，不再单单满足于能住就行，还要住得宽敞、住得舒适，房子样式好看、结实、耐用、功能齐全。

现在农村逐步城市化，急需房屋规划、建筑、设计方面的工程技术人员。

房子建筑是大事，基本要求是安全、牢固、科学、合理、功能齐全。目前广大农村地区，在盖房子的问题上，大多采取传统的建筑方式，设计不新颖，采光也存在着问题，屋顶漏水问题严重，地基与房屋高度、承重不是很科学，存在着一定的安全隐患。

很多农村房屋存在着很大危险，如一层的房子，加盖成两层，根本没有考虑地基和材料的问题；不少人在房顶堆放很多重物，根本没有考虑房梁的承重能力。这些情况都容易发生危险。不少农民也意识到这个问题，迫切需要专业设计人员的指导。

例如：11年前，建筑学院毕业的小崔把目光瞄准了农村市场，成立了建筑设计公司，带着技术人员深入农村，现场宣传房屋设计新观念，集安全、艺术、防震、功能、实用为一体，为数百万农民设计了房屋，深受农民的欢迎。

为农民设计房屋是一件很严肃的事，一定要考虑农村的实际，不要华而不实，要把安全放在首位，综合考虑功能、样式、采光、防火、防水等因素。

为农民设计房屋要遵循节约的原则，因为农民积攒点钱很不容易，要尽可能地为农民节省。

为农民设计房屋要具备深厚的建筑学知识基础，取得职业许可，不能滥竽充数，坑害农民。要尽可能地为农民提供更多的房屋样式，开阔农民的视野。

为农民设计房屋一定要从实际出发，根据当地的地质情况、环境情况、地下水深度情况、气候情况，科学、严谨地设计，特别要解决好屋顶的防水问题。

职业规划专家提示

为农民设计房屋要有高度的责任心，要积极向农民推荐环保、绿色、安全的房屋。

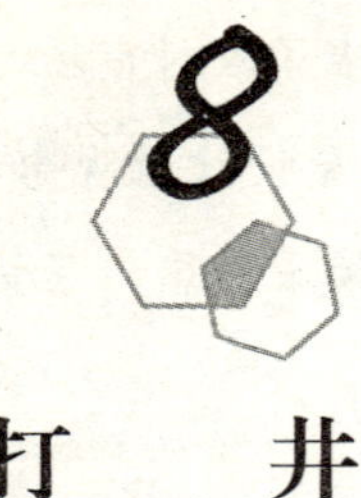

打　井

一位专门为农民打井的工程师说："水井对于农民的生活和生产至关重要，这是备受农民欢迎的事业。"

水是保证农民生活与生产的根本，没有水的保证，农民将无法生活、生产。大多数农民家里有水井，田间地头也有水井，水井给农民带来了丰收和幸福。

事实上，水井并不是普通农民凭个人之力就能打成的，需要有专业的技术人员进行找水、打井、固井，这些都是技术活。为了生活方便，农民心甘情愿地花钱请人打井，这个行业的机会很多，只要你有技术，又愿意为农民服务，就一定有前途。

现在气候无常，太阳活动异常，有时大旱，有时大涝，农民深受其害。如果能保证农民有足够的水使用，农民心中就不会慌，因此很多农民都急着自家打井，以保证有充足的水源。

例如：18 年前，下岗工人张师傅不甘寂寞，二次创业时，他利用自己对地下水情况的了解和打井技术，避开了城市激烈的行业竞争，选择为农民打井的职业。他成立了专打浅水井的公司，自己设计了半自动打井设备，购买了水源勘探仪器，并招集了6名下岗工人，来到缺水的农村，走遍了几百个地区，为几万家农户打好了浅水井，方便了农民群众的生产生活。由于定价合理，技术先进，水井质量好，还有终年保修，农民们争先恐后地请张师傅的公司上门打井。公司实现了社会效益和经济效益的双丰收。

为农民打井是功德无量的事，一定要把好事办好，在质量上、服务水平上、价格上、安全上、方便程度上让农民放心，千万不能坑害农民。

为农民打井要以农民为本，处处体谅农民，本着简单、安全、可靠、实用、经济实惠、节约的原则，尽可能多为农民着想。打井前，要与农民认真协商，提出合理化建议，最好签订一份合同，防止发生纠纷。

选择为农民打井的职业后，要具备深厚的找水和打井知识，取得相关部门的职业许可，严格按照操作规程办事，安全最重要，不能蛮干。

为农民打井一定要有吃苦精神，因为要长期在农村生活，吃、住、行、通信很不方便，要耐得住寂寞。

职业规划专家提示

为农民打井需要有认真的态度，一是一，二是二，在水井的位置上要认真协商，在材料的使用上要讲信誉。

农家旅游

一位经营农家旅游的经理说："农家旅游是旅游发展的趋势，是最有前途的事业。"

现在都市人厌倦了繁华喧闹的城市，喜欢去外面旅游，喜欢住在农村的农民家，吃农家饭，睡农家炕，采摘农家水果，喝一喝清澈的地下水，闻一闻香草味，听一听鸟儿叫，看一看野花的娇媚，体验一下真实的田园生活，让自己真正放松下来，让家庭（朋友）生活快乐起来。

一些城市的市民、学生、公司职员，因为受时间、交通、经济条件的限制，不愿去外地旅游，利用双休日、节假日和假期把旅游目标选择在附近的郊区（2天以内能返回），体验一下农家乐的真实生活。这是个发展趋势，最符合现代都市人的旅游需求，市场前景无限。

例如：15年前，学旅游专业的小吴，没有进旅游公司当导游。他根据自己的实力，成立了一家小旅行社社，以农家乐旅游服务为主。他在城市周边的郊区进行了调查研究，认真联系了500多户具备接待能力的农民家，统一价格、服务和卫生标准，每年吸引了数万人前来体验农家乐，年收益超过了50万元。随着旅行社的发展，小吴还拓展了采摘、钓鱼、烧烤、放牧、收割、水井打水、种地、喂养牲畜等项目，收益成倍增加。

开办农家旅游，一定要引导农民更新思想，房屋安排要安全，卫生要有保证，吃饭要有特色，安排的活动内容要纯朴、真实、自然、安全、有乐趣，有宽敞的停车场，让旅游者开心、满意。

开办农家旅游，组织者应该积极与农户取得联系，建立良好的合作关系，认真规范服务项目，特别强调卫生、饮食、住宿的安全，实现双赢。

开办农家旅游，组织者要主动向都市人推销自己的产品，特别要重点向社区、居委会、大公司、大学生推荐农家旅游产品，让人们充分认识农家旅游，真正对农家旅游感兴趣。

开办农家旅游，要取得旅游服务许可资质，要有良好的服务意识，讲究诚信，以客人为主，不能有欺诈行为，制定的旅游合同要规范，不能有漏洞。

职业规划专家提示

开办农家旅游要具备良好的协调能力，科学安排农家乐产品，把客人的安全放在首位。

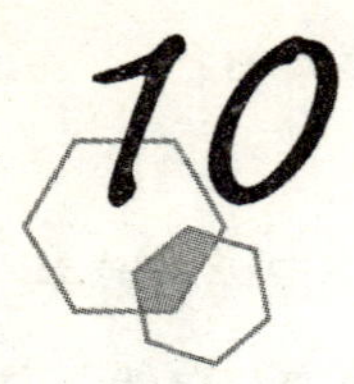

花　卉

一位在农村长期经营花卉养殖的人说："高品质的花卉是人们生活中需要的产品，特别是重大节日期间，更是供不应求。"

随着我国经济的发展、教育水平的提高，人们的文化生活品味越来越高，欣赏花卉、养殖花卉已成为人们生活的一部分，这就为花卉种植提供了保证。

现在人们很注重节日，中国传统的节日、外国的节日都过，这就需要大量的鲜花。

现在各种会议很多，为了营造良好的会场气氛，鲜花是必不可少的，花篮、盆花、插花都需要。

现在人们很重视过生日，尤其是老人和孩子的生日更是大事，隆重的生日庆祝会，也需要鲜花的点缀。

现在人们很重视交往，同事、朋友、亲人生病，都要去看望，鲜花包含着健康、康复的含义，因此这种礼物很受欢迎。

农村的地多，不仅适合大规模的花卉种植，还适合搞鲜花的大棚种植，这样能有效解决鲜花在不同季节的供给问题。

例如：19年前，高中毕业的小王租下了农村的十多亩地，办起了鲜花种植基地。她根据人们对鲜花的需求，大胆引进外国优良鲜花品种，科学嫁接培育新品种，大规模种植了玫瑰、百合、菊花、康乃馨、满天星、月季、大丰收等花卉，招聘了20位插花人员，制作花篮、盆花、插花、挂花等，产品很快被人们认可，非常受市场欢迎。公司庆典、婚礼、会议、展览都需要她的花卉产品，她的基地的年收益超过了500万元。

花卉种植需要一定的技术，必须熟悉花卉的品质、生长特点，掌握花卉的栽培、嫁接与管理，不能盲目乱干。

花卉种植需要改革和创新，不断发展优良的新品种，才能满足顾客的需求。

花卉种植规模化以后，需要大面积的土地，需要掌握大棚种植技术，科学管理很重要。

花卉种植要预先进行市场研究，疏通销售渠道，这样才能有好的回报。最保险的办法是，实行产、供、销一条龙服务，有生产基地，有运输人员，有销售人员，这样最稳妥。花卉销售店的选址很重要，最好靠近居民区、大公司、医院、人流量大的地方。

职业规划专家提示

花卉种植很适合在农村大规模的发展，只要把品种选好，把销售渠道问题解决好，就会有前景。

本章观点

中国是农业大国，农民人口多是事实。农村是中国的发展基础，在广阔的农村市场有很多商机，事业发展前景广阔，就看你是否有眼光和魄力了。

第十三章

朝阳产业

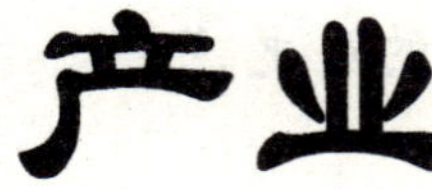

成功——规划好职

风险创业

美国著名的风险投资家说："风险创业是一件非常具有挑战性的事，如果你是一位有思想、有创新、有项目、有承担失败的心理准备的人，不妨考虑一下风险创业，也许你能就此成就辉煌的人生，甚至会被载入人类发展的历史。"

有的人"过五关、斩六将"，拼命挤进了机关、写字楼、外企，但却时时感觉不满足，经常独自感叹自己没什么出息，选错了职业，没有实现人生价值的最大化，后悔、痛苦、无奈……

职业规划需要超凡的气魄，深谋远虑很重要，既要考虑今天，又要考虑到明天和未来的发展，而善于思考未来、目光犀利的人，往往才是能引领时代潮流的成功人士。纵观当今人类社会，世界上许多著名的引领潮流的企业家，为人类社会创造了无限的财富，给人类社会带来了革命性的贡献，他们鼎鼎大名，深入人心。

例如：一家著名网站的CEO在其大学毕业时，虽然身无分文，但是供他选择的职业很多。他放弃了眼前一份又一份的好工作，很有远见地瞄准了一项朝阳产业——互联网行业。他认真分析国内互联网网站的发展前景，预测了投资回报率、回报时间、市场占有率等。而后他四处寻找风险投资，一次次不厌其烦地向投资者说明自己的投资方案和投资理念。他虽然屡次碰壁，但仍不懈寻找，终于说服了一位风险投资者。资金到位后，他雄心勃勃地开始创业，组建了朝气蓬勃的创业团队。网站顺利地建立起来，一度成为国内互联网技术发展潮流的引领者，并改变了很多人的生活方式和工作理念。他的公司效益远远超过了预期，公司在美国纳斯达克成功上市后，市值持续走高，让股东们大大受益。

现在有很多风险投资者，为风险创业提供了基础。风险创业不仅需要勇气，更需要完善的计划方案，有新知识和新技术，需要积极地去争取，需要经历无数次风险投资者的拒绝，需要具备现代管理能力，能面对激烈的竞争和事业的失败，讲诚信、守信誉、善合作。如果你具备了这些基本素质，就可以考虑风险创业，主动寻找风险投资者和合作伙伴，时刻把握住市场的风云变化。

职业规划专家提示

风险创业是具有挑战性的工作，不仅需要具备战略意识，更需要脚踏实地的工作作风。

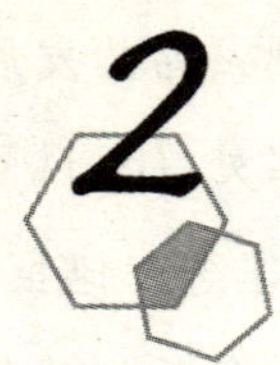

网络与计算机

世界著名经济学家说："网络与计算机改变了世界经济格局，称得上是取之不尽的电子黄金。选择这个职业，永远也不会失业。"

互联网与计算机技术给人类社会带来了一次重大革命，改变了人们的生活。目前，在世界范围内，网络与计算机已经渗透到任何一个领域，军事、通信、医疗、传媒、电影、电视、航天、航海、建筑设计、出版、科学研究、教育、购物、制图、特效设计、金融、股市、数字图书馆、资料室等，离开了网络与计算机，人类生活将无法想象。根据统计，全世界范围内，平均 *10* 人就有一台计算机，超过 *20* 亿人在使用网络，科学及商业前景不可估量。

网络与计算机领域涉及的项目很多，软件（硬件）技术、维修技术、网络技术、兼容技术、通信技术、电子商务技术、防病毒技术，等等。上游与下游的产业链环环相扣，理性地选择其中的一个项目，深入进去，都会有光明的前景。

例如：一位从海外留学生准备回国创业。回国后很多人建议他开办门户网站，他认真分析了国内门户网站的建设情况，认为这类网站已经很多了，再选择建设门户网站不会有什么前途。于是，他另辟他径，成立了一家防计算机病毒的公司。公司经过几年的发展，其生产的杀毒软件占领了市场，资产达到了数十亿元。

互联网与计算机技术领域虽然蕴含着无限的商机，但是在选择前，千万不要随波逐流，跟着别人后面走，应该开动脑筋，预测市场和未来，寻找新的适合自己的职业，闯出一条新路。

又如：一位计算机专业的大学生毕业后进入了一家不错的事业单位，从事一般性事务工作。由于人事关系问题，他被迫辞职了。辞职以后，他瞄准了网络与计算机领域，避开竞争激烈的计算机维修领域，选择了打印机耗材行业。他创立了自己的公司，经过6年时间，他在全国很多城市都建立了分公司，公司年利润超过了1 000万元。

互联网与计算机产业前景广阔，如果你具备一定的专业知识，又善于寻找突破口，就一定能在夹缝中找到适合自己的新领域，无论在软件开发上，还是在通信、物流、维修、服务、咨询、医疗、文化、广告、销售、科学研究、设计、体育、教育和管理等方面，成功机会都会很大。

职业规划专家提示

互联网与计算机行业是一个大舞台，只要你对自己有信心，擅长超前思维，选择这样的职业会使你风光无限。

婚姻指导

托尔斯泰说："爱情与婚姻是人类永恒的主题，它使人类繁衍，使人类快乐，也会使人类痛苦……"

随着社会的进步，人们的自主意识不断增强，婚姻问题日益引起了人们的重视。人们对婚姻幸福的期望值越来越高，然而现实婚姻却是残酷的，让一些人感到了恐惧、痛苦和无助。他们不再愿意忍受痛苦，也不再惧怕离婚和再婚，并苦苦地寻找着幸福。但是，他们忽视了自身具有的一个共同问题——无知与冲动。

他们不知道爱情与婚姻是什么，对爱情与婚姻根本不了解。

他们不知道为什么谈恋爱，有什么注意事项，怎么谈恋爱。

他们不知道为什么离婚，应该怎样离婚。

他们不知道为什么再婚，应该怎样再婚。

婚姻是复杂的系统问题，涉及家族、经济、职业、文化、身体、心理、性格、人际关系、教育子女、赡养老人、住房、法律、责任等因素，这些问题处理不好，婚姻就可能出现问题。

由于现在没有恋爱、婚姻、离婚或再婚学校，很多人都是摸着石头过河，最终的结果是从一个痛苦的婚姻泥潭中爬出来，又跳进另外一个痛苦的婚姻泥潭，始终不能摆脱痛苦。人们需要婚姻指导，需要弄清楚婚姻的本质，需要找到幸福婚姻的密码。这是个永远也不会消失的朝阳职业，而且会越来越有市场。

例如：十几年前，大学毕业的白女士苦苦努力也没有当上公务员，最终不得不放弃了这一想法。偶然间，有几位女同学因为婚姻不幸找她倾诉，她用婚姻学知识较好地解决了这些女同学的婚姻问题。调解婚姻关系的事使她受到了启示。经过积极努力，她成立了一家婚姻指导中心，招聘了30多位具有婚姻学、社会学知识的大学毕业生担任咨询师，开展了姻缘鹊桥、恋爱指导、幸福婚姻指导、离婚指导、再婚指导等业务，为几万对年轻人牵线搭桥，为几十万名婚姻痛苦者进行指导。利用特殊的日子（妇女节、情人节、重阳节、母亲节、父亲节、青年节），积极开展公益性讲座，既创造了社会效益，又产生了经济效益。

看着痛苦着进门，宽慰着出门的人，白女士感慨地说："如果当初当了公务员，我不一定有现在的成绩。看来选择职业要根据自己的情况。能实现人生价值最大化才是最棒的职业。"

职业规划专家提示

能得到个性化婚姻指导服务是追求幸福婚姻的人的渴望，这是人类进步的需求，更是和谐家庭的需求，其前景不可估量。

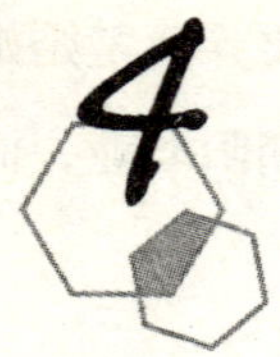

亲子教育指导

蔡元培曾经说："教育是民族兴旺发达的关键，没有教育，人类就没有文明，儿童教育是重中之重……"

现在人们都认识到教育孩子的重要性了，都期望孩子成龙成凤，将来能有所作为，所以在教育孩子的问题上，肯花钱、不吝惜，甚至不计成本。然而，教育孩子并不是家长一厢情愿的事，因为孩子是有思想的人，不是让人随意摆弄的物件。很多家长往往是为教育投入了大量的精力、财力、时间以后，收效甚微，甚至适得其反，这让他们很苦恼、很无奈、也很愤恨……

造成亲子教育失败的原因很简单，一是代沟问题突出，双方互相不理解，出现了"冷漠"状态；二是家长对孩子的期望值过高，拔苗助长、一步登天的想法打乱了亲子教育的规律；三是家长越俎代庖思想严重，不给孩子独自成长的机会；四是家长不了解孩子的心理特点，忽视了对孩子的心理辅导；五是现在社会亲子教育学校很少，家长没有系统地学过亲子教育知识，缺乏教育孩子的基本常识，在亲子教育问题上是"盲人"。

现在孩子在成长过程中所遇到的问题很多，如心理问题、生理问题、学习问题、沟通问题、生活能力问题、人际交往问题，等等。如果这些问题不能得到及早解决，就必定会影响孩子的健康成长。

孩子的成长教育问题是摆在家长面前的大问题，确实需要有专业人员对其进行指导，以保证孩子的健康、茁壮成长。

例如：十几年前，在幼儿园工作的马老师因为单位复杂的人事关系，辞职了。她认准了亲子教育行业，潜心研究国内外亲子研究的新理念，并考取了心理咨询师和亲子教育指导师资格，研究出了亲子沟通的秘密、亲子教育的十大技巧、消除代沟的八个步骤和孩子性格培养等课题，在全国20多个城市，为数百万家长、学生举办了亲子教育讲座，取得了良好的社会效益和经济效益。现在马老师建立了专业的团队，成立了亲子教育公司，并出版了亲子教育方面的专业书籍，实现了人生的二次创业。

随着社会竞争的日益激烈，为了不让孩子输在起跑线上，家长们都不惜血本地为孩子提供更好的教育。因而，教育市场生命力旺盛，需求巨大。如果能认真研究这一市场，就会有成功的机会。

职业规划专家提示

亲子教育需要专业的教育知识，需要准确地把握国内外亲子教育的脉搏，有了充分的准备，才能实现梦想。

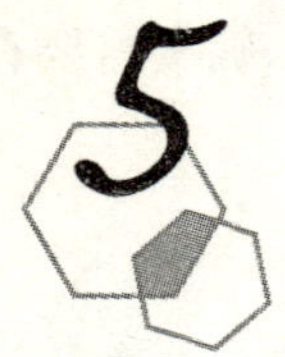

职业指导

一位国外著名的大学校长说："现在的年轻人有知识、有能力、有创业精神、有追求、有理想、有个性，但需要好好地规划职业，赚钱的职业不一定就是使你成功的职业……"

根据调查，现在很多人对自己的职业不满意，可是究竟自己适合干什么又并不清楚，既后悔又无奈，也很着急……

职业选择是人生大事，更是提升人生价值的平台，谁都很在意它。国外一家从事人生发展研究的机构通过分析100多年的追踪调查数据发现，一些在小学、中学、大学里很有能力的人，为什么到了社会，到了60多岁却没有获得成功呢？最主要的原因是职业没有选择好，等他们知道选错了职业时，掉头改行又来不及了。因此，现在人们已经深刻认识到接受职业指导的重要性了。

美国的职业指导组织机构很健全，有政府的、社会的和民间的，它们建立了详细的数据库，专家能根据每个就业者的心理、能力、专业、爱好、性格、身体与理想，为准备就业者逐个分析其适合的职业，最大限度地满足个体需求。

在当今社会，就业难的问题不仅是某个地域和国家的问题，而是全世界共同的问题。就业压力已经到了空前的程度，人们为了找到一份适合自己的职业，绞尽脑汁，却收效甚微。为了解决这个问题，各国都在积极建立职业指导机制，试图达到人尽其才，人尽其用，人尽其能的目标。俗话说："磨刀不误砍柴工。"选择职业不能急，要知己知彼，量身设计，才能少走弯路，一展宏图。因此，职业指导是很有前途的职业。

例如：小王大学毕业后，没有找到合适的工作。他参加了一个职业指导培训班，自学了心理学、成功学、谋略学、经济学、人力资源学、性格学等知识，收集了大量职业信息和创业者成功的案例，建立了职业需求数据库，并成立了一家职业指导咨询中心。中心定期开展职业规划与创业讲座，为几百万名寻找职业的人提供了帮助，使很多人走上了成功之路。现在这家职业指导咨询中心在全国各省开设了10家分机构，深受人们的信任。

创办职业指导咨询机构不仅需要专业知识，还需要心理学、社会学、经济学和成功学知识，要广学博识，上知天文，下晓地理，并具有预见力。

职业规划专家提示

职业指导职业是新兴的职业，一旦人们深刻地认识到它的重要性以后，市场将无限广阔。

理财指导

一位理财专家在一次演讲中说："金钱是有感情的，如果将其放在那里不理睬，金钱就是冰冷的；理财投资才能使金钱有感情，才能让金钱生出更多的钱来……"

现在人们的生活水平提高了，家家有些富余钱。如果你有10万元放在家里不动，钱就不会增多一分，甚至还会因通货膨胀无形中贬值，变成9万9、9万8……如果存入银行，一年的利息可能在1 000～3 000元之间；如果买国债，一年的收益大约在2 000～4 000元；如果投资稳健型基金，一年的收益会更大些；如果投资于股票，把握得好，收益会很大；如果投资黄金，中长期持有，收益也不错；如果投资期货，时机合理，收益也会不错；如果投资书画、古玩、邮票、钱币，赶上行情好，收益不可估量。

可见，同样的10万元钱，因为投资的方式不一样，产生的收益也会大不一样。现在很多人发财欲望强烈，因为市场投资的产品很杂，陷阱也很多，不可预测的风险更多。投资对了，效益翻倍；投资错了，可能会血本无归，甚至负债累累。所以社会急需真正的理财专家对人们，特别是那些手里有钱却没有理财意识的人或想用钱生钱的人进行理财指导，这个市场会持续旺盛。

例如：36岁的许经理曾在一家银行工作，因为一点小事，他被迫辞职了。他没有就此放弃人生的追求，而是根据自己的特长，潜心研究人民币存款利率、期货、股票、基金、黄金和石油等，制作了20多类投资产品的理财曲线波动表，并设计了计算机分析模型，开始了二次创业。他成立了理财投资指导咨询公司，开展特殊理财指导、VIP理财指导、普通客户理财指导、保险投资理财指导等业务，固定服务客户达到了50多万人，使投资客户取得了10%以上的年回报率，赢得了人们的信任。

理财指导不仅需要很专业的财经、金融、汇率和心理学知识，而且还需要宽阔的知识面和精准的计算能力、分析能力、预见能力和判断能力，需要较好的心理素质，不断地修德、修心、修业、修人，稳扎稳打，这样才能做好这种工作。

如果选择了这个职业，诚实最重要，必须童叟无欺，一视同仁，不能蒙蔽客户，更不能有侥幸心理，冷静最重要，任何数据都要建立在实事求是的基础之上，以免导致重大失误。

职业规划专家提示

理财指导要有良好的职业素养，要有保密意识，对客户负责、对自己负责、对社会负责，千万不能见利忘义。

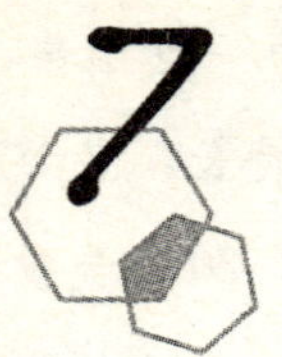

心理指导

一位世界著名的心理学家说：“心理问题是人类健康的第一大杀手，人们一定要认识到这一点。如果没有健康的心理，一切都无从谈起，因为心理是人们的灵魂，灵魂一旦出了问题，不听使唤了，还怎么前进呢?”

根据统计，现在有10%以上的人存在这样或那样（自卑、抑郁、焦虑、多疑、恐怖、撒谎、报复等）的心理问题。心理问题不能拖延，解决得早，人才会健康快乐，家庭和睦，左右逢源，保持年轻的状态；解决得晚，人就会痛苦不堪，家庭矛盾加剧，人际交往陷入困境，对生活失去信心，甚至出现不可逆转的严重后果。

在现实生活中，由于工作压力大，生活规律被打破，孤独、寂寞、失落、悲伤等不良情绪和人际交往、子女教育、赡养老人、住房等问题出现，加之环境日益恶化，人的睡眠紊乱，饮食没有规律，人体阴阳容易失衡，心火、肝火过旺（过悲），脑神经系统容易失调，人的心理问题陡然增加，特别需要专业的心理专家对齐进行心理辅导，帮助人们早日摆脱心理困惑。

例如：15年前，张老师因教学问题与校长发生了矛盾，一气之下她离开了“三尺”讲台。辞职后，她几次想到了自杀。徘徊之时，她读了一本国外的心理学方面的书，茅塞顿开，明白了人为什么活着、该怎样活着的道理。她决心好好爱护自己，并喜欢上了心理辅导工作。她自学了心理学知识，考取了心理咨询师资格，并开办了心理咨询服务中心。中心聘请了20多位心理专家，设立了儿童心理咨询部、青春期心理咨询部、情感心理咨询部、职场心理咨询部、老人心理咨询部、婚姻心理咨询部、抑郁心理咨询部、企业咨询部等部门。经过10多年的时间，中心为20多万人提供了心理辅导，为几百家企业提供了心理服务，为数百万名学生提供了心理支持，产生了巨大的社会效益和经济效益。最富戏剧性的是，当年赶她走的校长因为抑郁，也多次来进行咨询。

在生存压力越来越大的今天，存在心理问题的人数逐年增加，为从事心理辅导工作提供了发展空间。如果决定选择这个职业，就要认真学习，积极拓宽知识面，特别是要全面学习心理学知识和神经学知识，掌握人们的心理特点，把握咨询原则，学会不同的心理辅导方法。要有爱心和无私的奉献精神，自觉遵守职业道德，保护他人的隐私。

职业规划专家提示

心理指导其实就是做人的思想工作，要多学习哲学知识，掌握辩证法，提高说理的艺术。

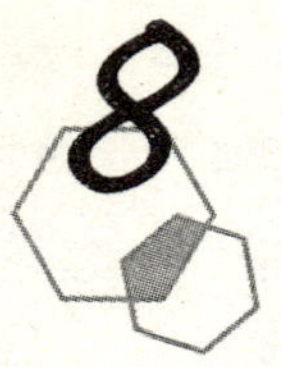

健康指导

一位我国著名的健康专家说："现在人们日益认识到健康的重要性，越来越关注养生问题了，这是最大的好事。"

尚医治未病，高明的医生对疾病的预防有独特的妙方。人们已经认识到预防疾病的重要性，知道健康、生命、治病是最重要的，能主动拿出时间、金钱对身体健康进行系统的管理，希望得到专业的健康指导。

同样都吃五谷杂粮，都生活在环境逐渐恶化的地球上，生活在农药、化肥、抗生素、催化生长激素滥用的时代，有的人不生病，有的人就生病。为什么个体差异这么大呢？关键是有没有健康知识和健康指导。要获得身体健康，吃什么、吃多少？穿什么、穿多少？喝什么、喝多少？锻炼时间、强度和方法；按摩强度和穴位；睡眠时间和质量；大小便排泄规律；心情调整等都需要科学指导，这是健康的前提，也是健康的保证。

例如：12 年前，医学院毕业的小许没有进入理想的医院工作。她到了一家健康杂志社担任编辑，负责健康普及栏目，读者反映很好。后来，杂志社改制，她接收了杂志社，对杂志进行全面改版，以保健指导、饮食健康、心理健康、中医养生、女性养生、食疗、高血压防治、糖尿病防治为主。杂志深得人们的欢迎，发行量大增。根据人们的需求，她还定期去社区、公司、机关、学校举办健康知识讲座，杂志社取得了很好的社会效益和经济效益。

现在处于亚健康状态的人很多，他们介于病与非病之间，如果不及时进行健康指导，很容易出现严重的身体问题。

现在独生子女多，家长很重视孩子的健康，婚前、婚后、怀孕、产后、养育、护理等阶段都需要专家的具体指导。

现在我国已经进入了老龄社会，老年病、慢性病、心脑血管疾病的患病人数逐渐增加，需要专家的科学指导。

现在机关、公司的白领工作压力大，各种怪病很多，莫名其妙的烦躁、失眠、记忆力减退、消化不良等问题增多，需要专家对其进行健康指导。

如果决定从事健康指导工作，就需要有专业的中西医、食疗、按摩和运动知识，熟知预防各种疾病的方法，掌握治疗疾病的技能和新方法，要把医德放在首位，尊重科学。

职业规划专家提示

健康指导是人们所急需的，如果能全心全意地做好这个领域的工作，深入人心以后，一定能有广阔的发展前景。

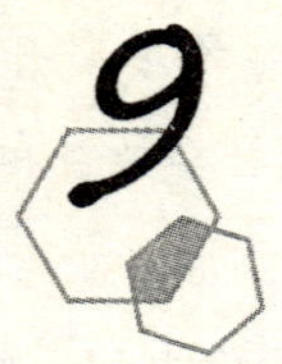

法律咨询

一位著名的律师事务所合伙人说："随着我国的法制建设逐步完善，随着人们法律意识的逐步增强，人们在危急时刻，急需得到法律援助，因而律师这一职业越来越深入人心了。"

依法治国是大政方针，是社会发展的趋势。现在随着经济的发展，商业往来的增加，合同纠纷越来越多；婚姻问题也陡然增加，财产分割、孩子抚养等问题很复杂；遗产继承、意外伤害问题也困扰着很多人；保险理赔、医疗纠纷、房产纠纷等问题成了常见的事，特别需要专业的法律人员对纠纷涉及的双方当事人进行法律指导。

我国每年的民事案件、刑事案件、经济案件、仲裁案件数以千万计，当事人双方非常需要强有力的法律支持，他们往往会不惜重金，聘请专业律师帮助其打官司，以维护其合法权益。

现在我国民营和国有企业的法律意识逐步增强，为了避免与客户发生合同纠纷，避免与员工发生劳务纠纷，避免发生消费纠纷，从而保证企业的经济利益不受损害，它们都积极聘请法律顾问，定期为企业进行法律指导，处理法律上的各种事务。企业的需要、市场的需要，都为从事法律咨询的人员提供了无限的机会。

例如：20年前，王先生看准了律师行业，辞掉了不错的工作，自学法律，考取了律师资格。20年间，他成立了律师事务所，成为了20家大公司的法律顾问，受聘办理法律案件数万件，为当事人挽回了重大的经济损失，事务所年收益达到1 000多万元。

法律咨询是很严肃、很细致、很严谨、原则性很强的职业，需要从业人员具备丰富的法律知识，通晓各种法律常识，特别是对合同法、公司法、民法、刑事诉讼法、消费法和行政法等更要精通，不能一知半解，更不能滥竽充数，毁人利益。要刻苦学习，通过国家司法考试，取得从业资格。要开阔眼界，准确掌握带有普遍性的案件。

法律咨询人员要准确定位自己的专业，既要全面掌握一般性的法律知识，又要专门深入研究一两部法律，成为这方面的专家，这样才易于被大家所认可。

从事法律咨询要有高尚的道德，不能金钱至上，要实事求是，客观公正地为他人提供优质的法律服务，不能把个人感情带入案件中去，以免干扰正确的判断。要恪守职业道德，为客户保密。

职业规划专家提示

随着社会的进步，各个阶层矛盾的增加，法律咨询会越来越深入人心，被人们所接受。

动　漫

一位世界动漫专家说："动漫是未来最有发展前景的事业，是人们需要的精神食粮，是信息技术、计算机网络技术、编程技术与思维的又一次革命。"

随着计算机网络的普及和发展，随着电视、电影、多媒体、3G业务的发展，动漫技术和产品已逐步被人们所接受。人们能充分发挥其想象力，把不可能的情景、幻想、神话，变为可能和现实，使他们的视觉感受和心理感受受到空前的冲击。

这几年，具有动漫效果的电影、电视剧全球流行，男女老少趋之若鹜，甚至出现了一票难求的现象，动漫作品的经济效益十分可观。一位国外动漫专家说，未来将是动漫的时代，这个宝藏需要有魄力、有远见、有创意、有知识的人去开发。

的确如此。动漫能创造出现实科技无法实现的视觉效果，震撼的场景给人以无限的遐想空间。动漫能使电视广告更加形象、逼真，给人留下奇特的印象。动漫能使人们的生活更加丰富多彩，给人们带来更多的精神享受和愉悦感。

信息时代互联网的普及使人们越来越依赖网络了，网络游戏热度不减，在全世界范围内，有数亿人喜欢网络游戏，这也为动漫事业的发展奠定了基础。

例如：几个年轻的大学生毕业以后，一起办起了动漫制作公司。通过几年的发展，他们开发出很多新的动漫产品，有些产品超过了国外同行，他们与几百家公司有合作关系，产品涉及文化、教育、卫生、体育、科技、电影、电视、游戏、广告、报纸、图书等，远销海内外，公司年收益超过1 000万元。

动漫题材非常广泛，科幻、神话、传统的、现代的，只要选择人们喜欢的题材，就一定有市场。

选择动漫职业，一要有专业的技术知识，掌握动漫制作的原理，熟悉动漫制作软件；二要有丰富的文学、历史和寓言知识，为创作提供保证；三要有开阔的眼界，了解当代动漫创作的趋势，瞄准最前沿；四要有可以信任的、志同道合的合作伙伴，充足的资金保证很重要，这是动漫创作的基本前提；五要建立广泛的联盟，密切与电影公司、电视台和大企业（公司）保持联系，选择合适的开发产品。

职业规划专家提示

动漫是前途广阔的事业，如果能掌握动漫制作技术，善于想象、开发和合作，必然会取得好效果。

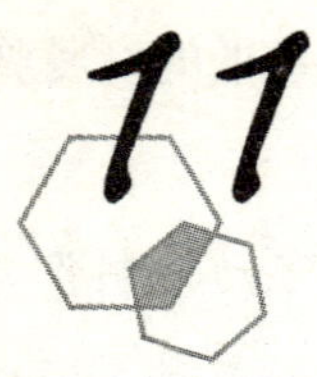

房屋装修设计

一位著名的建筑专家说：“随着住房条件的不断改善，房屋装修设计会成为最具有前途的职业之一。”

住房是人们的根本大事，人们为了住进宽敞的房子，情愿倾其一生的积蓄，花重金购买、设计装修房间，这里蕴藏着巨大的经济效益。目前，住房的刚性需求很大，年轻人结婚需要新房、城市改造拆迁的人需要新房、进入大城市工作的人需要新房、海外回归创业者需要新房……房屋市场无法估量。

现在城市购房热高温不退，一个城市每年平均有成千上万套房子销售出去，而且是供不应求。装修的热潮更是如火如荼，欧式装修、法国浪漫样式装修、古典样式装修、中西结合样式装修、现代艺术装修、环保理念装修、原始风格装修等各领风骚。各种新型装修材料，新式灯具，厨房、卫生间用品比比皆是，这些都为装修及设计市场提供了强有力的保障。

现在人们崇尚美、喜欢美，不再仅仅满足于房屋能住就行，他们希望能住得更舒适一些，所以人们情愿花钱搞房屋设计与装修，提高格调和生活品质，从而使自己的生活更舒适、更美好。

例如：小王从小学过木匠和美术。15 年前，他从军队退伍后，与几位战友一起办起了一家装修设计公司，专门从事房屋设计、家庭室内设计及装修业务。他善于钻研，眼光开阔，把国外的装修理念和风格引进到中国。公司定位于中高档装修，承揽了很多室内设计与装修工程，年收益 900 万元。他后来又逐步成立了建筑公司和装修材料公司，承接了数十个建筑工程，效益猛增，经过多年发展，公司的总资产超过了 2 亿元。

选择房屋装修设计作为职业是很严肃的事，一点也马虎不得，必须实事求是，谨慎对待。一是需要有一定的专业技术，全面掌握房屋建筑、设计、装修的过程；二是需要详细了解房屋设计的发展趋势、装修潮流，以及人们的需求；三是掌握装修材料的质量、价格及性能情况，以便能为客户提供优质服务；四是要有艺术细胞，有独特的设计与装修风格，从而赢得人们的青睐；五是要打出绿色与环保的主题，从设计到材料的选择，都要遵循绿色与环保的原则，切实保证人们的身体健康；六是不断创新，始终跟上时代潮流。

职业规划专家提示

规划职业（创业）时，如果选择了房屋装修设计，就要瞄准行业前沿，把握住潮流、趋势、健康、绿色、环保这些最重要的元素。

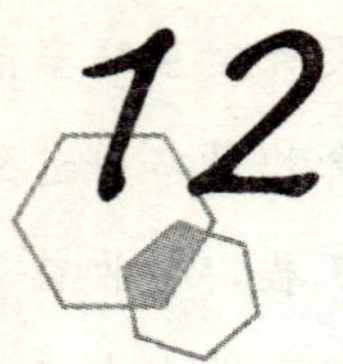

婚　　庆

一位著名的婚姻专家说："随着人们生活水平的提高，随着第一代独生子女的长大成人，婚庆市场会越来越火红，因为新人希望拥有最珍贵、最难忘的婚礼，让这一天成为最精彩、最激动、最喜气的一天。"

婚姻是人生中的一件大事，谁都愿意把婚礼办得盛大、喜气、独特而有意义。现今时代，各家多为独生子女，亲戚很少，因而仅凭一个家庭的力量很难把婚庆办得面面俱到，但新人又往往希望自己的婚礼有声有色、有文化、有格调、有创新，这就为专业的婚庆公司提供了生存的基础。

据不完全统计，我国一年新婚人数在数千万对以上，有60%以上的新人选择聘用婚庆公司帮助其办理婚礼，全国一年的婚庆费用超过1 000亿元。这个市场非常巨大，存在着无限的商机。如果你是个热心人，又擅长组织、演说、协调，选择这个职业（创业）就是明知之举。

例如：19年前，学广播专业的小尹毕业后没有找到合适的工作，就自己办起了一家婚庆公司。他利用自己能说会道的特长，结合传统文化，亲自撰写祝贺词，认真设计婚礼格调、过程和场景，创作了50多个成形的婚庆庆典范本。产品推出市场以后，深受新人们的欢迎。后来，随着业务量的增大，他又组建了国宾级车队、影像制作部、鲜花布景部和酒店联络部，公司年收益达200万元。

现在新人们越来越重视婚庆的事了，他们不只满足于单纯地吃顿饭，庆祝一下，而是希望把婚礼办出文化，办出特色，办出温暖，办出感情，办出恩爱来，这就要求从事婚庆职业的人必须具备高尚的道德，遵循以人为本的原则，时时刻刻为新人着想；必须具备丰富的文化知识，特别要了解我国传统的孝、爱、感恩的意义；必须要有高超的组织指挥能力，能控制住现场局面，处置突发情况，调动所有人的情绪，制造欢乐的气氛；必须要细致周到，根据不同的婚庆需求，认真计划、安排、部署，把每个细节都想细，落实到每个人，不能出一点问题，这是职业的基本要求；必须坚持节约的原则，尽可能多做新人的工作，建议新人不要铺张浪费，办出特色即可；必须抛弃封建迷信的东西，要与时俱进，新事新办，对违背道德的东西，坚决取消；必须能吃苦耐劳，服务至上，经得住各种严肃的批评和指责，要明白和气生财的道理。

职业规划专家提示

婚庆服务需要“热心肠”，一定要保持一种旺盛的精力和任劳任怨的态度，始终以为新人服务为中心。

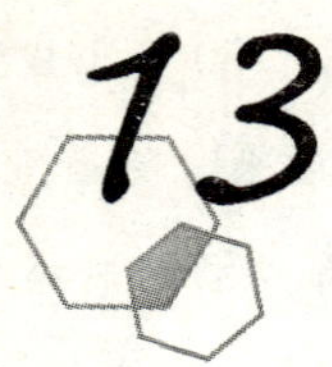

13 绿色食品

一位著名的营养学专家说："绿色食品是人们生活中所必需的，是保证人们身体健康的放心食品……"

现在人们不满足于仅是吃饱、喝好就行，大家非常讲究食品安全、健康、环保。人们不怕花钱，就是希望能吃到放心的绿色食品。绿色食品不使用化肥、农药、激素等物质，通常使用农家肥，一般生长在没有空气、水源、土壤污染的环境中。绿色食品的品种很多，如绿色大米、小米、豆子、面粉、蔬菜、菌类、鱼类、肉类、蛋类、禽类、茶叶、瓜果等。

绿色食品的市场很大，一些大超市、商场、菜市场里都有专门的柜台销售。一些饭店酒楼里也喜欢经营绿色食品，很多招牌菜都是绿色食品。另外，现在人们富裕了，不太在乎在绿色食品消费上多花些钱，这就为绿色食品的发展提供了广阔的空间。

如果你有意从事绿色食品的开发、生产和销售，就要选准绿色项目，考察好市场，严格按照绿色食品生产规范生产、管理、销售，不要偷工减料，以免砸了自己的招牌。

例如：在机关工作的赵女士感到每天无所事事，就辞职了。辞职后，她承包了一座荒山，引进了一种野山鸡，办起了饲养场，精心饲养野山鸡。为了保证野山鸡是纯绿色食品，并保证其独特的味道，她采取放养的方式，让野山鸡自己寻找山上的食物吃，蚂蚱、蚯蚓、蚂蚁、草籽、蘑菇、山泉水都是野山鸡的好食品。这样放养的野山鸡需要2年才能长到600克左右，它们的味道鲜美，肉嫩可口，营养丰富，很适合煲汤。一只野山鸡的市场售价为300元，一枚野山鸡蛋10元，很多酒楼主动来定货。一年下来，饲养场的收益超过300万元。现在赵女士扩大了饲养场的规模，成立了孵化中心、加工制作中心、羽毛采集中心，效益成倍增加。

创业绿色食品，一是要懂技术，掌握绿色食品的经营之道；二是要选好地点，远离空气质量差、水源污染的地方，切实保证自然的、优质的好环境；三是要搞好市场预测，选准有发展前景的经营项目；四是要严格管理，按照绿色食品的生产标准经营生产，不能欺骗消费者；五是要搞好市场推广，因为再好的绿色食品产品需要宣传、推广，需要被人们接受；六是要搞好包装，定位好普通装和礼品装，促进销售。

职业规划专家提示

绿色食品是最具有市场和需求的事业，只要下工夫发展下去，就一定能有长久的发展。

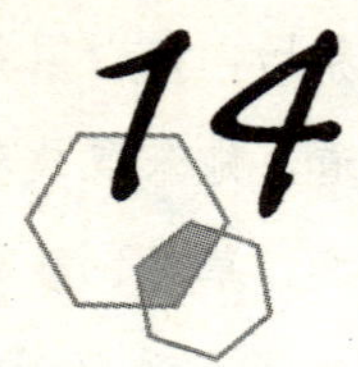

中医养生

一位中医专家说："中医是中华民族的瑰宝，中医养生的独特之道是独一无二的，人们越来越重视中医养生，因为中医养生养的是精、气、神，养的是生命的根本。"

人们都知道养生的重要性，急切需要找到适合自己的养生方式，以提高生命质量，延长寿命。根据五行原理和《黄帝内经》的论述，中医是专门针对中国人的医学，讲究方位、季节、气候、天时、男女和阴阳平衡，治标又治本，对慢性病、疑难病、妇科病、儿科病、地方病都有着神奇的效果，一直是人们信任的医学。

现在的慢性病，如严重失眠、脊椎病、腰椎病、肾亏、肺虚、血虚、消化不好、少白头、心脑血管疾病、高血压、便秘、过敏、皮肤病等的患者日益增加，长期吃西药，副作用很大，疗效也不明显。而中医在这方面有明显的优势，因为中药没有太大的副作用，所以需求很大。

俗话说："健康是养出来的。"养是中医的一大课题，五脏六腑需要养、骨骼需要养、精神需要养、元气需要养、头发需要养、血需要养；而养又离不开对心情、睡眠、饮食、呼吸、运动等的调整以及推拿、按摩、针灸、艾灸等手法，如果在这方面有独特的技能，就有发展机会。

例如：21年前，在部队担任卫生员的小陈退伍后，自学中医按摩和针灸，取得了营业执照，开办了一家诊所。他刻苦钻研古代医书，对照穴位图，在自已身上找穴位，按照古代名医的方法认真实践，主攻针灸治疗失眠、高血压、脊椎疼、近视、消化不良、关节炎和便秘等疾病。由于他医术高明，治愈了无数病人。现在他的诊所扩大了5倍，收徒弟30多名，年收益达200多万元。

中医养生涉及的面很广，要刻苦学习，不断发展，闯出新的养生之路。如钻研饮食养生，就要对食物的特性有所了解，明白什么病吃什么好？什么食物能治疗什么病？如钻研药膳养生，就要知道各种药物的药性，与食物同吃，有什么好处。如钻研针灸，就要对人体的经络、穴位有准确的定位，知道每个穴位的功能是什么，针灸此穴位对身体哪个部位好，能治疗什么病。如钻研按摩，就要清楚人体的骨骼位置、经络位置、血气走势和各个关联点的位置，掌握按摩的掌法、技巧和用力大小。

职业规划专家提示

中医养生是人们最需要、最喜爱的养生方法，要把传统中医与现代医学结合起来，创出新的养生之道。

废旧电器再利用

一位长期从事废旧电器回收再利用的商人说："废旧电器里藏着百万黄金，只要你有技术、有眼光，就能打开一座宝藏。"

现在几乎家家有电视机、计算机、手机、VCD 机、DVD 机、摄像机、录像机、数码照相机等电器。这些电器给人们的生活带来了无限的便捷，但是电器设备有使用年限，到了使用年限就要处理掉，否则就可能会对人的身体健康造成伤害。

根据统计，在我国一年就有数亿件电器要淘汰，成为废品，这些废电器如果被草率地扔掉，不仅会造成环境污染，甚至还可能成为人类健康的杀手。

根据专家的分析，废电器完全可以变废为宝，如计算机、电视机等电器里的一些电子元件里含有金、银、铜、锡、镉、铂等贵金属，如果提炼出来，价格不菲，利润巨大。

例如：19 年前，学无线电技术的小田没有进工厂工作，自己成立了一家废电器收购公司，专门收购废计算机、打印机、复印机、电视机、录像机、VCD 机等，一年收购的废电器超过百万件。而后他将这些废电器进行拆分处理，把电器元件和集成电路板上的稀有金属提炼出来，黄金、白银等贵重金属超过十几公斤，收益超过500万元。

废电器回收开发是符合国家发展战略、符合现代环保理念的行业，这个行业是国家支持和提倡的，可以放心大胆地去做。

如果决定从事废电器再利用事业，一定要先掌握国家的政策，到有关部门办理营业执照，得到许可后，方可营业。

从事废电器再利用事业，一定要突出环保，不能为了经济利益破坏环境。要遵纪守法，合法经营，不能干缺德事，绝对不能把旧零件当好零件卖钱。要提高警惕，防止成为“收赃窝点”。

从事废电器再利用事业，要具备一定的专业知识，知道如何提炼贵金属，知道如何处理废旧电器，知道如何进行成本核算。

从事废电器再利用事业，要懂得经营之道，把住四关。一是收购关，主动到大公司、学校、机关、居民区收购；二是运输关，废旧电器运输起来很麻烦，荧光屏等物件可能会发生爆炸，要保证安全；三是拆分关，注意按照操作规程办事，切实保证拆分安全；四是提炼关，管理好提炼所需化学制剂，防止造成二次污染。

职业规划专家提示

从事废电器再利用事业，要掌握一定的技术，也要讲究职业道德，还要具备一定的管理能力。

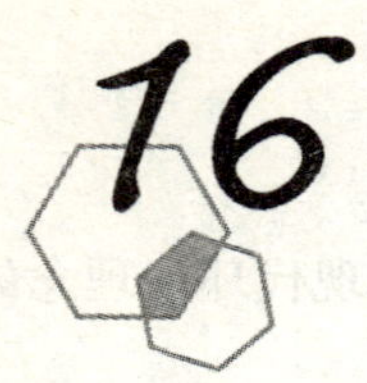

16 殡葬指导

一位长期从事殡葬业的人士说："生老病死是自然规律，谁都离不开死。死了以后怎么办后事是应该认真思考的问题。"

死亡是人们避讳的词语，但是又不能回避，必须勇敢面对，在生前认真安排好，以免留下遗憾。

在现实生活中有两种人，第一种人是只想着生，没有想着死，一旦突然死亡，后事处理只能由他人安排，结果未必如死者本人所愿。第二种人是想着生，也想着死，能够坦荡地对待死亡，事先把自己的后事安排好，不留任何遗憾。

殡葬是很大的事情，马虎不得，一定要符合逝者的遗愿，让逝者得到安息。我国的传统文化决定了人们对待逝者是很尊重的，都希望把逝者的后事办好。这就需要专业的殡葬人员帮助完成。

现在殡葬业的发展很快，人们的思想开放了，都能做到与时俱进，坦荡地面对死亡，并希望得到临终关怀，希望由亲人和朋友陪伴着、听着自己喜欢的歌曲走完人生路，希望独自离世、希望有尊严地离去、希望开遗体告别会、希望选择好墓地、希望把骨灰撒向大海、希望把骨灰埋在树下、希望把骨灰送回老家、希望穿着喜欢的衣服走、希望化好妆走、希望把喜欢的物件一起下葬，等等。满足上述需求有时单靠家庭是很难完成的，需要专业人员的指导。

例如：小张大学毕业以后，没有找到合适的工作，于是他选择了殡葬工作，业务涉及临终关怀、祭奠物品销售、帮助逝者家属设计后事办理方案、撰写悼词、选择墓地、主持祭奠仪式等。他在这个行业干得很出色，得到了逝者家属的信任。10 多年过去了，他的业务一个接一个，有时都安排不开了。

从事殡葬业一要有充足的心理准备，克服恐惧心理，勇敢地面对各种情况；二要有良好的服务意识和良好的职业素养，真心实意地为逝者服务，不能怠慢逝者，不能欺骗逝者家属，本着节约的原则，不能铺张浪费；三要具备专业知识，能为逝者家属提供专业指导；四要有良好的沟通能力，与各方面都能联系，得到相关部门的支持和帮助；五要坚持新事新办，尊重逝者的遗愿，不能传播封建迷信；六要遵守政府有关部门的规定，不能违反规定，我行我素。

职业规划专家提示

从事殡葬业前要进行广泛的调查，一定要掌握殡葬业的政策、工作特点、规律和程序，不能冲动。

本章观点

未来会出现很多新兴的产业，只要视野开阔，思维敏捷，有气魄，就能提前预测，抓住难得的机遇，淘到第一桶金的可能性就大，人生价值就能实现。

后 记

我的母亲是一位非常传统的女性，勤劳、善良、热情、爱孩子，她一直希望我能写一本关于职业规划与成功的书，希望每个有志向的人少走弯路，都能成功。为了怀念母亲，我与夫人刘燕华利用5年时间，潜心研究成功与职业规划的关系问题，调查了数万人，包括企业家、职业经理人、医生、护士、翻译、作家、老师、大学生、高中生、研究生、农民、工人、下岗职工、司机、外国留学生、养殖与种植户等，写了几万字的心得笔记。

2010年4月28日晚11时22分，终于完成了全稿，如释重负。这本书的完成，得到了中国劳动社会保障出版社各级领导的支持，得益于出版社各位编辑校对老师的精细润笔，特此表示感谢。

为了帮助想成功的人找到成功的金钥匙，开阔人们的视野，改变人们的思维方式，把握住生命的每一个阶段，我们结合各个岗位上成功人士的成长经历，以事说理，逐步展开，详细地阐释了成功与职业规划的关系问题，让人看了一目了然，豁然开朗，有所感悟，并从中受到启示。

本书在写法上以成功与职业规划的关系为主线，没有过多的进行语言修饰，朴实无华，通俗易懂，回味深长，有深刻的启示作用。

当你仔细阅读后，会感到职业规划专家就坐在你对面，与你亲切交谈，将职业与成功的真谛娓娓道来，相信你会感悟到作者的良苦用心，希望每个人都规划好职业，都能成功，不留遗憾。

由于我们水平有限，书中尚有些许不妥和欠完善的地方，还希望读者批评指教。

李澍晔　刘燕华

2010年4月28日于北京“彩虹心灵”驿站